반야
심경

◆ 함께 사는 아름다움 ❷ ── 般若心經 ◆

◆ 정화 ──풀어씀 ◆ ─── 도서출판 **법공양** ◆

摩訶般若波羅蜜多心經

觀自在菩薩 行深般若波羅蜜多時 照見五蘊皆空 度一切苦厄 舍利子 色不異空 空不異色 色卽是空 空卽是色 受想行識 亦復如是 舍利子 是諸法空相 不生不滅 不垢不淨 不增不減 是故 空中無色 無受想行識 無眼耳鼻舌身意 無色聲香味觸法 無眼界 乃至無意識界 無無明 亦無無明盡 乃至無老死 亦無老死盡 無苦集滅道 無智亦無得 以無所得故 菩提薩埵 依般若波羅蜜多故 心無罣礙 無罣礙故 無有恐怖 遠離顛倒夢想 究竟涅槃 三世諸佛 依般若波羅蜜多故 得阿耨多羅三藐三菩提 故知般若波羅蜜多 是大神呪 是大明呪 是無上呪 是無等等呪 能除一切苦 眞實不虛 故說 般若波羅蜜多呪 卽說呪曰 揭諦 揭諦 波羅揭諦 波羅僧揭諦 菩提 娑婆訶

큰 지혜의 완성에 대한 핵심적인 가르침

摩訶般若波羅蜜多心經

관자재 보살께서
깊이 지혜의 완성을 닦아 나갈 때
오온이 다 빔을 비춰 보고
모든 괴로움을 건넜습니다

사리자여,
색이 공과 다르지 않고 공이 색과 다르지 않으며
색 그대로 공이요 공 그대로 색입니다
수와 상과 행과 식도 또한 그렇습니다

사리자여,
모든 법의 빈 모습은
생겨나는 것도 아니고 없어지는 것도 아니고
더러워지는 것도 아니고 깨끗해지는 것도 아니고
늘어나는 것도 아니고 줄어드는 것도 아닙니다

이런 까닭에 공 가운데는
색이 없고 수상행식도 없고
안의비설신의도 없고
색성향미촉법도 없고

안계도 없고 나아가 의식계도 없고
무명도 없고 무명이 다함도 없고
나아가 늙고 죽음도 없고 늙고 죽음이 다함도 없고
고집멸도도 없고
지혜도 없고 또한 얻음도 없습니다
왜냐하면 얻을 바가 없기 때문입니다

보리살타께서도
반야바라밀다에 의지하는 까닭에
마음에 걸림이 없고
마음에 걸림이 없는 까닭에
두려움이 없고
잘못된 생각을 멀리 떠나
마침내 열반이며

삼세의 모든 부처님께서도
반야바라밀다에 의지한 까닭에
위없는 바른 깨달음을 얻었습니다

그러므로 알아야 합니다

반야바라밀다는

크게 신통한 주문이며

크게 밝은 주문이며

위없는 주문이며

견줄 데 없는 뛰어난 주문으로

모든 괴로움을 다 없앨 수 있으며

진실하여 허망하지 않음을

그러므로 반야바라밀다주를 말했습니다

바로 주문을 말하겠습니다

아제 아제 바라아제 바라승아제 모지 사바하

가자, 가자, 깨달음으로,

함께 사는 아름다움으로

아! 찬연한 빈 삶이여!

소중한 인연들

수행자로 산다고 하면서도
살아온 날을 되돌아보면
어쩌면 그렇게도
그렇게 살지 않은 것이
부처되는 것인 양 살아 왔는지
모르겠습니다.

듣고 또 듣고
보고 또 봐 왔으면서도
짐짓 그렇게 하지 않은 것이
제 삶인 양 살아온 것이지요.

그래서
선근이란 말이 더욱 가슴 깊이
새겨집니다.
선근 깊은 수행자는 배운 바 없이도
살아가는 것이 그대로
부처를 닮아 가는 것일 테니까요.

그런가 하면
이미 깨달음을 이루었으면서도
후학을 깨닫게 하는 데
별 도움이 되지 못한 것을 부끄러워하여
이름조차 '뉘우치며 부끄러워한다'는 뜻의
참괴慙愧라고 바꾸고
죽는 날까지 더욱 정진을 이어가다
육신불로 남은 옛 어른의 일은
너무나 소중한 본보기이면서도
한편으론
가슴 아픔으로 남겨집니다.

이번에 반야심경에 대해
다시 생각하고 정리하면서
느낀 소회입니다.

그렇기는 해도
너무나 가슴 아팠을 어른들의
마음 씀씀이 하나하나가 가끔씩은
마음으로 느껴질 때가 있고,
그때에야 비로소 보이는
너무나 소중한 인연들.

모두들 부처님의 가르침이
스스로의 삶의 길이 되고
마침내는 깨달음을 이루어
이웃하는 모든 생명들에게
부처님의 빛을 나누시길.

소중한 인연을 연 모든 분들께
감사드립니다.
모두들 행복하십시오.

2005년 8월
정화 삼가 씀

차례

1부. 반야의 노래

큰 21

지혜의 완성에 대한 22

마음, 핵심적인 23

경, 가르침 24

관[봄] 25

자재 26

보살께서 27

닦아 나갈 29

깊이, 깊은 31

지혜의 완성을 33

때 34

비춰 보고 36

오온이 다 빔을 37

건넜습니다 39

모든 괴로움을 41

사리자여 43

색이 공과 다르지 않고 45

공이 색과 다르지 않으며 47

색 그대로 공이요 49

공 그대로 색입니다 51

수와 상과 행과 식도 52

또한 그렇습니다 54

사리자여 55

모든 법의 빈 모습은 57

생겨나는 것도 아니고 없어지는 것도 아니고 59

더러워지는 것도 아니고 깨끗해지는 것도 아니고 61

늘어나는 것도 아니고 줄어드는 것도 아닙니다 63

이런 까닭에 65

공 가운데는 색이 없고 67

수상행식도 없고 69

안의비설신의도 없고 71

색성향미촉법도 없고 72

안계도 없고 74

나아가 76

의식계도 없고 78

무명도 없고 79

무명이 다함도 없고 80

나아가 81

늙고 죽음도 없고 82

늙고 죽음이 다함도 없고 83

고집멸도도 없고 84

지혜도 없고 86

또한 얻음도 없습니다 87

왜냐하면 얻을 바가 없기 때문입니다 89

보리살타께서도 91

반야바라밀다에 의지하는 까닭에 93

마음에 걸림이 없고 95

걸림이 없는 까닭에 96

두려움이 없고 98

잘못된 생각을 멀리 떠나 99

마침내 열반이며 100

삼세의 모든 부처님께서도 101

반야바라밀다에 의지한 까닭에 102

위없는 바른 깨달음을 얻었습니다 103

그러므로 알아야 합니다 반야바라밀다는 104

크게 신통한 주문이며 105

크게 밝은 주문이며 106

위없는 주문이며 108

견줄 데 없는 뛰어난 주문으로 109

모든 괴로움을 다 없앨 수 있으며 110

진실하여 허망하지 않음을 111

그러므로 반야바라밀다주를 말했습니다 113

바로 주문을 말하겠습니다 114

아제 아제 바라아제 바라승아제 모지 사바하 116

2부. 밝게 빛나는 마음

1. 신통하고 밝으며 위아래 없이 어울린 삶   119

2. '나'를 이기는 사람이 뛰어난 사람   127

3. 색과 공이 하나 된 지혜의 삶   143

4. 모든 법의 빈 모습   149

5. 무無로 분별이 녹아야 합니다   155

6. 연기법에서 식은   159

7. 늙고 죽음이 다함도 없습니다   165

8. 모든 법에는 얻을 실체가 없습니다   171

3부. 빔[空], 모든 분별이 사라진 삶

1. 종교에는 종교가 없습니다   187

2. 어울림만으로 있는 삶   193

3. 지혜로운 삶, 사리자   205

4. 동시·전체로 하나 된 삶   215

5. 성스러운 고의 가르침   221

6. 삶을 밝고 빛나게 하는 보살   231

7. 오온·십이처·십팔계는 없습니다   235

8. 십이연기도 없습니다   241

9. 사제도 없습니다   249

10. 여덟 가지 바른 삶의 길, 팔정도도 없습니다   257

11. 깨달음의 빈 마음   263

12. 지금 바로 여기를 보십시오   269

1부

반야의 노래

큰

마하摩訶

경계 지으면서도 경계를 넘나들며
그래서
경계 없음이 경계가 되는 곳
경계가 어울림을 나투는*
하나 된 삶

이런 삶이
마하입니다

이는
걸음걸음마다
쉬고 또 쉰 삶을
고요하게 내딛고 있는
법계의 흐름

---

* '나타나다'의 옛말인 '나토다'에서 온 말로 불교용어로 쓰임.

지혜의 완성에 대한

반야바라밀다般若波羅蜜多

마음을 쉬고 또 쉬어
법계의 흐름과 하나가 될 때
개체로서의 다름만을 아는 앎이 사라지고
그 자리에
분별없는 앎이 드러나지요

이를 빈 삶이라고도 하지만
이 빈 삶은
꽃이 피는 시절을 놓친 적이 없지요

언제나처럼
그 자리에서 자신의 모습을 드러내면서
경계 밖으로 넘나드는
생명의 길을 닫지 않는
분별없는 앎으로 사는

지혜의 완성
지혜의 완성

마음, 핵심적인
심心

마음
그 스스로는
경계 지음이 사라진 것으로 있으면서도
모든 경계를 짓는 특별한 앎

마음은 그리하여
생명의 근원이 되고 말았지요

생명들은 제 모습으로 삶을 나투며 살고 있으면서도
본원은 경계 지음이 사라진 것이니
경계로 생명을 보려 하면 속고 말지요

마음은
생명의 본원이면서
우리의 마음 씀으로는
잡히지 않는 것이기에
마음이라고 이름 하여도 마음일 수 없는 이
마음

경, 가르침

경經

생명의 말은
경으로 경화經化되는 순간 곧
생명을 잃고 말지요

경계를 넘나들며 상호 창조하고 있는
생명의 드러나지 않는 마음의 길이
경이었는데
이것이 말이 되고 글이 되면서
마음의 길 생명의 길이 막혀 버리고 말았지요

경은 마음이 넘나드는 길을 나타내는
척도이면서
이조차 마음을 경계 지음에 지나지 않는 것이니
경으로 마음을 알려고 하면
문 밖을 서성이는
나그네

관[봄]

관觀

보려고 하면 보이지 않던 것이
보려고 조차 않을 때 드러난 것을
보려는 마음 없이
보는
봄

마음이 흐름 따라 나투는 온갖 경계에
휩쓸리지 않고
그저 그렇게 있을 때
마음은
쉬면서도 경계를 나투고
경계를 나투면서도 쉬고 있는
겹치는 제 모습을
보여 주지요

보고 또 볼 뿐

자재

자재自在

왜냐는 물음을 넘어선 곳에
모든 삶들의 생명으로 있는
마음

그러면서도
시절인연따라
온갖 경계로 제 모습을
나투고 있는 열린 삶들의 관계

이것은
왜냐는 물음이 들어설 수 없는 곳
스스로 관계 맺음으로 그렇게 있는 것
그래서 말과 형상을 넘어섰다고 하지만
말과 형상이 관계 맺음의 스스로를
드러내는 것

왜냐고 묻는 것이
바로 그 자리

보살께서

보살菩薩

한없이
아파하는 모든 중생들을 다 돌보고 껴안으려
천의 눈
천의 손을 갖추신
관세음
관세음 보살님

모든 중생의 아픔이 다 하는 날이 당신의
아픔이 끝나는 날이 될 것을 서원하신
지장
지장 보살님

보살님
보살님

중생의 아픔만큼이나 많은 보살님들의 서원들
그래도 끝나지 않을 당신들의 돌보심과 껴안음에
한 발자국이나 들여 놓았을까요

가슴 저며 오는 뭇 생명의 아픔을 그저
가슴만으로 감싸 안기에는 턱없이 부족한
마음
빔

닦아 나갈
행行

마음이 일어나는 곳으로
가고 또 가고
걷고 또 걸어
끝이 사라지는 곳에 이르러
그곳에서
아름답게 일어나는 생명을 피워야겠지요

꿈에서도 잃지 않는
마음 깊은 곳에 자리 잡은
준비된 욕망
준비된 성냄
준비된 어리석음

이 같은 마음들이 녹아날 때까지
가고 또 가고
그래서
갈 곳도, 감도, 가는 자도 사라지면
꽃으로 장엄된 온 삶이 법계가 되겠지요

마음 마음마다
걸음 걸음마다
쉬고 또
쉬면서

깊이, 깊은

심深

마음이 깊은 것은
제 경계를 넘어선 곳에서 경계를 나투어서고
허공이 넓은 것은
모든 형상을 감싸고도 아직 비어 있어서지요

그러면서도
마음 없는 삶이 없듯
허공 없는 형상이 없듯
마음과 허공은 제 모습이 없이
모든 모습이 모습이게 하는 데서
제 모습을 가지니

가짐 없는 마음이여
형상 없는 허공이여

깊고 넓다고 하면 이보다 더한 것이 없으나
어느 곳엔들 없는 곳이 없으니
낮다고 해도 이보다 더 낮은 데가 없음이여
깊고 낮음이 이보다 더 같을 수 있을까

마음 마음이여
허공 허공이여
찾으면
찾을 수 없고

지혜의 완성을

반야바라밀다般若波羅蜜多

이유 없이
모든 중생의 기쁨이 기쁨의 기쁨이 되고
까닭 없이
온 중생의 아픔이 아픔의 아픔이 될 때

빈 삶을 살아가는 첫발이면서
완성된 삶을 살아가는
온전한 모습

때

시時

지금 여기서의 삶을 살지 못할 때
삶을 헛살았다고 여길 날이 있지 않을까요

가슴 깊숙이 남겨 있는 욕망과 노여움들의 덩어리가
단지 과거의 일상이 아니라
미래가 되어 현재를 지배하는 힘으로 있는 한
그런 삶은 생명의 온전한 표현이 아니기에
마음 한 구석이 텅 비어 있는 허무와
맞닥뜨리지 않을 수가 없겠지요

그것은 현재를 살지 못하는 한 겪어야 할
아픔

허나 허무는 삶을 되돌아보게 하여
마음 빔을 이끌어 내게 하는
자비의 장치

이를 통해 마음 저 너머까지
가고 또 가게 할 때
깊이 없는 마음
마음조차 넘어선 마음이 현재가 되어
시시각각 삶을 살아가게 될지니
날마다 날마다
좋은 날이 되겠지요

비춰 보고

조견照見

눈이 눈을 보지 못하듯
마음은 마음을 알 수 없지요
마음이 무엇이냐고 물을 때
마음은 어느새 밖으로 내달려
볼 수도 알 수도 없지요

보려 하지 않고
알려 하지 않을 때
봄과 앎의 실상은
제자리에서
스스로 드러나니

마음 쉼이 그것입니다
쉬고 또 쉴 뿐

오온이 다 빔을

오온개공五蘊皆空

모든 생명은
빈 마음으로 일어나는
아름다운 꽃

무엇 하나 저만을 아름답다고 고집하지 않고
나눔으로 피어나는 생명

생명들이 생명을 함께 이루니
법계는 온생명으로 하나
그리고 빔

그래서 법계는 빔으로 가득 찬 공간
하지만 끝없이 피어나는
생명의 꽃으로 장엄된 만남

빔 없이는 만날 수 없고
만나지 않으면 피어나지 않는 꽃
그리고 생명

그래서 생명의 아름다움은 나눔으로 피어나는 데 있고
아름다움은 나눔으로 이루어진 생명의 활동이니

비우고 또 비울 때
아름다운 생명으로 가득 찬
장엄된 이웃들

건넜습니다

도度

뒤를 돌아보시는
아미타부처님을 본적이 있으신지요

누구 한 중생이라도 뒤쳐졌을라
돌아 돌아보시며
길을 이끌어 주시는 아미타부처님의 모습 말입니다

무량한 생명의 빛인
몸과 마음과 법계가
우리를 그렇게 인도하는 것입니다

마음 비워
쉰 마음으로 보면
법계의 낱낱은 제 모습을 잃지 않으면서도
찬연히 나투는 빛

그 때 우리는 '나'를 건너
법계의 삶을 살게 되겠지요

나를 건너지만 나 또한 법계의
빛과 생명 그대로이니
따로 도달해야 할 그곳이 없지요

건너는 '나'를 넘어설 때가
건너는 것이면서 이미 와 있는 이곳

삶들이 어우러져 있는 곳
이곳이 바로 그곳이기에

모든 괴로움을

일체고액一切苦厄

가슴 저며 오는 모든 아픔들을
스스로 만들었다고 하면 너무 가혹하겠지요

허나 어쩝니까. 그것이 사실인 것을
현재 겪고 있는 아픔이 현재에만 그치지 않고
가슴 깊숙이 스며 있는
욕망과 성냄의 덩어리와 합쳐져
다시 스스로의 미래를 지배하는 한
이것은 사실입니다

더더욱 이보다 더 깊숙이 숨어
아픔을 만들어 내고 있는 것을 붙잡고 놓지 않는다면
아픔이 가실 날은 언제일까요

그렇지만 아픔의 끝에 이르면
잡을 것 없는 허상에 매인 스스로를 보게 되고
버리고 버려
빈 삶이 되어
온 법계를 온전히 살고 있는 스스로를 드러내겠지요

괴로움은 그래서
성스러운 진리

사리자여

사리자舍利子

이름을 불러 주기 전에는
단지 그 무엇이었으나
이름을 부르면서 특별한 무엇이 된다 했지요

그렇습니다
특별한 무엇이 됩니다

허나 다음부터는 그 무엇이 아니라
특별한 무엇으로
그 무엇이 갇히면서
어쩌면 닫힌 생명이 되고 마는 것이 아닌지 모르겠습니다

이름은 그만큼 특별하지만
이름만큼 그 무엇을 그것뿐이게 하는 데서 보면 말입니다

아울러 이름만큼만 생명이 표현된다고 하기에는
생명의 아름다움에 너무 가혹하지 않을까요

이름 지어 부르지만
이름에 매이지 않는 이름

"사리자여"라고 부르시는 부처님의 불음佛音이
사리자를 사리자로부터 자유롭게 하는 부름처럼

생명의 아름다움
아름다운 생명은
이름 너머에 있는
무엇

그래서
무엇을 무엇이라 하면 이미 그것이 아니라 했지요

모르고 모를 뿐

색이 공과 다르지 않고
색불이공色不異空

마음 비우기만큼 어려운 일도 없겠지만
빈 마음처럼 편안함이 또 있을까요

몸이 먼저 마음 빔을 알며
빈 마음이 몸이 되어
평안함을 나누는
몸과 마음

평안함으로 가득한 몸과 마음은
몸과 마음으로 나눌 수 있는 듯하지만
경계를 넘어선 데서
생명 나눔이 평안함으로 드러난 것이지요

몸이 몸만이 아닌 몸
마음이 마음만이 아닌 마음

빛으로 나누고 있는 장엄된 법계는
언제나처럼 그렇게 있는 것 같습니다

언제나
부처 되어 있는
몸

공이 색과 다르지 않으며

공불이색空不異色

어떤 스님이 신통이 뭐냐고 묻는 이에게
창문을 열고 말했습니다

"저 들판의 나무와 풀을 보게나. 저 생명보다 더 신통한 것이 있겠는가!"
이 말씀이 신통을 보이신 것보다
더 아름다운 삶의 진실로 실감되는 것은 저만의 느낌일까요

돌멩이 하나, 풀 한포기가 보이고 있는
찬연한 빈 삶의 모습

자기를 잃지 않으면서도
모두에게 열려 있는 나눔

이보다 더한 신통은 있을 수 없겠지요
부처님과 부처님이
그렇게 당신의 모습을 나투시는 것이기에

돌 부처님

풀 부처님……

색 그대로 공이요

색즉시공色卽是空

"마음이 심란할 때는 어떻게 합니까?"라고 물을 것이 아니라
"지금 스스로의 마음이 어떤가"라고 물어볼 때입니다
묻는 마음이 스스로의 현재이니까요

마음 하나하나는 너무나 많은 인연이 그렇게 있게 했으니
딱히 정답이 있을 수 없겠지요

순간순간의 인연에 깊이 깨어 있어야 할 뿐이니
그렇지 않으면 앞서의 앎이 현재를 지배하여
인연의 흐름에 어둡게 되고 말 테니까요

깊이 깨어 앎의 경계가 사라질 때
앎은 제 모습을 보여주지요

묻고 있는 마음을 되묻고 또 되묻다
묻는 그 마음조차 사라질 때
형상의 경계도 함께 사라지리니
이 때 몸이 그 경계를 넘나들면서
경계 지음을 여실히 보게 되겠지요

형상이되 형상으로만 규정할 수 없는 몸이
이미 비어 있는
깨달은 성품

공 그대로 색입니다

공즉시색空卽是色

어느 선방의 벽에
'하루 5분 말하면 하루의 수행은 헛되고'라는
경구가 걸려 있었습니다

우리의 몸과 마음이 드러나지 않는 말이기 때문이지요
바꾸어 삶의 흐름과 일치하는 말 5분은
하루의 수행공덕을 나타낸다고 할 수 있겠지요

그래서 마음을 비운다는 것은
침묵의 말이 삶이 되어 퍼지는
어울림을 이야기한다고 할 수 있겠습니다

말 이전이 온전히 드러난 삶이 될 때
비로소 보이기 시작하는 고요함

그 고요함으로
앞뒤가 끊어진 삶을 살게 되겠지요

수와 상과 행과 식도

수상행식受想行識

앞뒤가 이미 끊어졌으니
개념조작으로 삶을 아는 말과 마음은
설 자리가 없습니다

앞뒤가 끊어진 자리는
말로도 마음으로도 그려볼 수 없다고 했습니다
무엇이 그 자리일까요

말과 마음으로는 알 수 없으니
말도 놓고 마음도 놓고
그저 지켜볼 수밖에는 없을 듯합니다

흐르는 숨 자체가 되는 것도 한 방법이겠지요
그렇다고 해서 그렇게 될 어떤 때를 기다리는 마음으로
지켜본다는 뜻은 아닙니다
이 마음에는 이미 앞뒤가 있기 때문이지요

그저 지켜보고
그저 흐르는 숨이 되는 것뿐

52

그렇게 있는 것 자체가
빛나는 참음

그래서 "참는 것이 열반에 이르게 한다"라는
경구가 있는 것 같습니다
그러나 열반은 도달해야 할 어떤 곳이 아니요
어쩔 수 없이 그렇게 이야기한 것에 지나지 않지요

그래서 경전에는
"열반은 …… 아니다"라고 하여
모든 말과 마음을 떠나 있다고 했지요

무엇으로도 서술할 수 없는 열반이라는 것도
서술을 떠날 수 없으니

마음과 말이란
참으로 걸림 그 자체

또한 그렇습니다

역부여시亦復如是

자기 경계를 알 수 있는 몸과 마음은 다 비었으나
그것이 다시 몸이 되고 마음이 되니
몸처럼 있고 마음처럼 있지만
몸과 마음 그 자체는 없다고 해야 될까요

그래도 무언가 부족한 이야기에 지나지 않으니
'~처럼 있다'고 해도
'~처럼 없다'고 해도
천리만리를 벗어난 소식이 되겠지요

한 쪽으로 치우친 것은 말할 필요도 없지만
있는 듯 없고
없는 듯 있다고 해도

몸도 잃고
마음도 잃고

사리자여

사리자舍利子

부처님께서 "사리자여"라고 부르시는 장면이
현재처럼 눈에 선합니다

그래서 저도 불러 봅니다
"부처님, 부처님"

어떤 스님께서는 평생 부처님을 부르면서 마음 챙김을 이어가다
아라한이 되셨습니다
어찌 그 스님뿐이겠습니까
어느 날 문득 부처님을 부르고 있는 스스로가
부처가 된 수행자가 많았던 것 같습니다

그리고 그분들께서
다시 수행자들의 부처를 깨우기 위해 부르셨습니다
"수행자여"

몸과 마음을 다 비워 놓고 부처님의 부름에
"예"하고 당신의 부처를 드러내

부처님과 부처님으로 만나고 있는 장면이
가슴 저리도록 뭉클합니다

부처님
그리고 부처님

모든 법의 빈 모습은

시제법공상是諸法空相

부처님께서는 수행하는 법을 거문고 줄에 비유하시면서
너무 팽팽하게도 너무 느슨하게도 하지 말라고 하셨습니다

그런데 소리는 어디에 있을까요
거문고 줄에 있을까요
켜는 손에 있을까요
선율을 이어가는 마음에 있을까요
아니면 그들의 만남에 있을까요

이때쯤이면 이미 무엇을 이야기하려 하는지를 아시겠지요
소리가 없다면 이런 물음을 성립시킬 수 없으며
이것들이 없다면 소리를 낼 수 없으니
소리가 이 모든 것들을 성립시키면서도
소리가 그것들에 앞서 있지도 않습니다

어느 것도 그것만으로 있을 수 없습니다
이 모든 것들은 그 스스로의 모습이
소리라는 것에 의해 있으며
손에 의해 있으며

마음 등에 의해 있습니다

그러니 제 스스로는
어느 것도 있을 수 없습니다

바꾸어 말하면 이것이 이것일 수 있는 것은
이것이 사라지는 곳에 있으니
모든 것이 사라지는 곳이야말로
모든 것이 살아 나오는 곳인가 봅니다

모든 것의 빈 모습이
모든 것의 모습
모든 것의 모습이
모든 것의
빈 모습

생겨나는 것도 아니고 없어지는 것도 아니고

불생불멸不生不滅

가슴에 담는 슬픔이 더욱 큰 슬픔
얼마 남지 않은 남편의 삶을 지켜보고 있는 아내가
병실문 밖에서 소리를 내지 못하고 눈물을 흘리다가도
남편 앞에서는 밝은 모습으로 웃는 슬픔

중환자실 밖에서 엄마의 임종을 지켜볼 수밖에 없는 딸이
문소리만 들어도 덜덜덜 떠는 아픔은
무엇으로도 헤아릴 수 없는 삶의 무게

가슴 한 구석이 아니라
온몸으로 온삶으로 느끼는 슬픔이지만
살아 있는 이는 누구라도 피할 수 없는 아픔

삶에서 아픔과 슬픔으로 남는 자국만큼
선명한 멍울도 없을 테지요

부처님께서도 그러하셨겠지요
당신의 가슴에 진한 멍으로 남는 아픔이 다 하시기 전까지는
태어남도 죽음도 넘어선 곳

모든 중생에게 열려 있는 생명의 평화로움과 어울림이
당신만의 아픔이 아니라
뭇 생명들의 삶이 되어 있는 것을 아시기 전까지는

그리고 나서도 뭇 생명들의 아픔이 다할 날이 없는 것을 보신 당신은
멍으로 남지 않는 아픔이
가실 날이 없었겠지요

더러워지는 것도 아니고 깨끗해지는 것도 아니고
불구부정不垢不淨

이념이나 인종 등의 차별이 만들어 낸
사회적 불만족이
단지 밖으로 드러난 현상이 아니라
그 안쪽 깊숙이
차별 받아야만 되는 어떤 것이 있다고 여기는 것만큼이나
어이없는 허구가 없음에도
그로부터 나오는 사회적 고통은
시대를 이어 계속되고 있습니다

더러움이나 깨끗함 등이
삶을 구성하는 본래의 요소가 아닌데도
이것 등에 의해
삶들이 지배 받고
낱낱의 생명과 온생명으로 어울려 있는 법계는
스스로의 빛을 감추었지요

허나 허상은 바탕이 없는 것
허구의 끝에 설 때
감추어졌던 빛이 되살아나리니

더러움도 깨끗함도 없는
밝고 깨끗함

늘어나는 것도 아니고 줄어드는 것도 아닙니다

부증불감不增不減

온삶 온생명으로 살 때
홀연히 일어나는 한 생각도
법계가 되지요

더할 것도 덜 것도 없는 온전한 삶이
이미 이루어져 있었지요

그러니 가지려 하는 욕심이 큰 만큼
집착이 많은 만큼
더욱 더 가난해지는 모순이
삶을 아픔으로 밀어 넣지요

삶 그 자체는 이미 충만된
아름다움이니
무얼 더하고 무얼 덜 수 있을까요

더하고 덜려는 순간
삶은 이미 아픔으로 치닫고
아픔은 더욱더 더하고 덜려는 잘못된 고리가 되어

이웃들에게 퍼지는 아픔으로
법계는 온통 슬픔이 되었습니다

그래서 가슴 깊이 느끼는 아픔이 커질수록
삶의 넉넉함도 커지고
슬픔의 법계는
제 빛을 찾지요

아름다움으로

이런 까닭에

시고是故

깨달음의 본질인 불성도
그 자체만으로 빛날 수 없지요

관계를 여의고는
불성조차 있을 수 없고
관계 맺음에서만 그것이 빛일 수 있기 때문이지요
"이런 까닭에"라고 하신 말씀처럼……
그러나 원인은 그 자체가 원인일 수는 없으나
그렇다고 또 다른 원인이 없으니
"이런 까닭에"라고 하는 서술도
무엇의 원인으로 남는 것이 아니라
무엇들이 "이런 까닭에"라는 서술로서만 성립되지요

언뜻 보면 무엇 때문에
우리가 그렇게 있는 것처럼 보이며
그것에 대해 욕심내고 성내지만
무엇이 내게 욕심내거나 성내게 하지 않고
스스로가 그렇게 하고 있을 뿐이지요

그것이 원인이라면 원인이나
또한 결과이기도 하지요

불성의 빛도
수행으로 얻어지는 결과는 아니지만
수행하지 않으면 드러나지 않는 빛이니

이나저나 알 수 없음으로
가득 찬 세계

공 가운데는 색이 없고

공중무색空中無色

완전한 비움이란
참으로 어떤 서술로도 나타낼 수 없는 것이니
공이라는 말조차 닿을 수 없는 곳이며
안팎도 나눌 수 없는 것이니
가운데는 무얼 상대로 가운데라 할 수 있을까요

허나 스스로는 어떤 것이 아니면서
모든 것을 모든 것이게 하는 실상이며
알려지는 어떤 세계도 아니면서
그것은 한결같은 삶의 본질

이는 깨달음으로 살 때만
제 얼굴을 드러내는 것 그래서
공은 깨달음의 다른 이름

깨달은 삶은
공이면서 스스로 모습과 활동에
저절로 온전한 평안을 이루니
어떤 모습에도 걸리지 않고

관계 속에서
조화롭고 아름다운 삶을 피어내는
바탕

공은 편안한 삶의 길을
그때그때 실현해 가는
깨달음의 빛으로
모든 형색이 이 가운데 녹아 났습니다

그렇지만 형색 또한 공 밖에 있는 어떤 것이 아니니
공도 형색도
말을 넘어서고

수상행식도 없고
무수상행식無受想行識

마음이라 이름하면 무엇 같지만
무無가 마음이 되니
무엇도 마음이 아닙니다

무는 그 자체로 무엇이 아닌 데서
무이기 때문입니다

또한 마음은 모든 법을 알아차리는 힘이 되니
마음이 있어야 모든 법이 있으나
마음으로는 마음을 알 수 없으니
알 수 없는 데서 보면
모든 법에는 마음이 없습니다

곧 마음은 있는 듯하지만
결국 무엇일 수 없는 데서
마음일 수밖에 없습니다

그래서 마음을 보는 것은
나타난 이 모든 법을 보는 것

여기서 보면 무엇을 보는 것이 아니라
마음을 본다고 말할 수 있으나

보이는 그 무엇이 알아차리는 것은 아니니
무엇은 마음으로 무엇인 듯하고
무엇에서 마음을 알 수 있는 듯하나

실상은 무엇도 알 수 없고
마음도 알 수 없습니다

마음은 무엇일까
마음은

안이비설신의도 없고

무안이비설신의無眼耳鼻舌身意

"눈이 있는 것이 분명한데
부처님께서는 왜 눈이 없다고 하셨을까?"하고
묻고 또 묻던 옛 스님의 모습이
어쩌면 그렇게도
간절히 가슴에 맺히는지 모르겠습니다

"부처님, 정말 눈이 없습니까?"

색성향미촉법도 없고

무색성향미촉법無色聲香味觸法

모든 경계가 저마다 빛으로 나투고 있는 장면을
보신 적이 있습니까
눈을 감고 고요히 자기를 들여다 보다
몸과 마음의 기운이 변할 때
살며시 눈을 떠 보세요

잠깐일지라도 더없이 장엄한 제 빛으로
빛나는 경계가 펼쳐질 테니까요

이때는 이미 경계가
저만의 경계가 아니지요
변한 몸과 마음과 더불어
어울림의 빛으로 있으니까요

그래서 경계가 없다고 했을까요

경계는 스스로만의 경계가 아니지요
그때그때
변하고 있는 몸과 마음과 더불어
새롭게 세계를 이루어 가면서
몸과 마음을 변하게도 하지요

몸과 마음과 경계가 변한 것이 아니라
변화가
몸과 마음과 경계

안계도 없고
무안계無眼界

모든 경계가 사라지는 데서
아름답게 피어나는
부처님의 빛
모든 중생들의 불확실한 미래를 없애 주는
생명의 빛

부처님께서 열어 보이신 생명의 꽃이
언제 어디서나 스스로 빛나는 빛으로 있으면서
중생들의 부처를 깨우기 때문이지요

생명의 꽃을 피워
눈의 경계가 사라지는 순간
스스로 빛나는
법계의 눈이 되고 부처의 눈이 되나

눈이 눈을 보지 못하는 데서
본다는 일을 자각하지 않는 눈으로 있으니
중생의 눈이 되는 것 자체가
경계를 떠난 데서 본다는 사실이
이뤄지고 있습니다

곧 보지 않는 마음이 눈이 될 때
경계 나눔으로만 보고 있던 경계는 사라지고
마음과 눈과 사물이
새로운 모습으로
또는 빈 모습으로 있으니

부처님의 눈
법계의 눈은
보지 않는
눈

나아가

내지乃至

말은 무엇을 알게 하면서도 무엇이 무엇인 줄을 모르게 하는 이중성으로 인해 모든 번뇌의 씨앗이면서도 생각의 도구가 됐으니 한 생각 일어나는 것이 삶답게 사는 데서 천리만리 멀어지게 되었지요. 말 없는 데서 삶이 제 빛으로 있을 때 다시 말은 빈 모습이면서도 그것이 모든 모습으로 있음을 알게 해 주니 빈 마음이 말이 될 때입니다.

허니 어느 곳에도 매임 없는 삶은 의미를 담는 말의 체계가 아니라 의미 너머 있는 따뜻한 기운을 나누는 것일 테지요. 그래서 말은 의미만을 나누는 것이 아니라 자애로움을 나눌 때 말 없는 말로 이미 통하고 있지요.

아름다운 삶을 나투는 파안미소처럼

다음을 이어 가는 '나아가'라는 말은 그 자체로는 큰 뜻을 갖지 않은 것 같으면서도 관계의 그물망을 이어 주는 신경 같은 것이니 어쩌면 말이면서 말이 아니고 말이 아니면서 말인 걸림 없는 생각으로 생각조차 넘어선 데서 일어나는 것을 보이는 상징으로 느끼는 것은 어떠할런지요.

76

상징은 말 이전을 느끼는 비유

의식계도 없고

무의식계無意識界

계界라고 하는 말은 자기만의 경계를 가지고서 다른 것과 확연히 구분되는 자기 정체성을 갖는 것입니다. 밖으로 드러난 것에서만의 자기 특성이 아니라 자신의 전부를 결정하는 어떤 것이 되지요. 그래서 계界는 성性과 같은 뜻으로 쓰이고 있는 것 같습니다.

그런데 이와 같이 경계를 만들어서 자기 특성을 이루는 것은 관계의 변화 속에서 대단히 중요한 특성이면서도 한편 그 특성 속으로 자신을 가두는 능력도 아울러 가지고 있습니다. 그것을 의意라고 부르지요. 이 의가 현행하는 모든 대상을 스스로 그렇게 보이고 들리도록 조작해 놓고 그것이 밖으로 의를 떠나 있는 것처럼 아는 것이 의식意識입니다.

연기관계를 떠나서 자기특성을 세울 어떠한 근거도 없으므로 의에 의해서 세워진 세계는 임시로 그렇게 있다고 해야 할 것입니다. 그래서 의는 뭇 생명들의 자기 특성을 이루는 중심이면서도 모든 불만족을 아울러 짓고 있는 바탕이니 의의 근원적인 분별에서 연기관계의 분별을 꿰뚫어 보면 분별하는 자리가 부처세계를 이루는 자리가 되는가 봅니다.

무명도 없고

무무명無無明

무명도 없습니다. 우리의 마음은 법계를 이루면서도 제 모습을 갖지 않기에 애초부터 무명이 들어설 자리가 없었습니다. 헌데도 무명이 있는 듯하나 무명은 주인이 아닌 것이 분명한가 봅니다. 그래서 손님이라고 불렀지요. 주인도 제 모습이 없는데 하물며 손님이 제 모습을 고집하는 것은 어딘지 맞지 않는 것 같습니다.

무명은 제 모습을 갖지 못하니 무명이 설 곳이 없음을 분명히 알면 무명의 어둠이 밝음이 되어 함께 나누는 삶의 터전이 됩니다. 마음이 만남 만남으로 이어지는 곳 마다 드러내는 모습이 무명과 꼭 닮아서 그렇습니다. 마음은 만남 만남으로 이어지나 자취 없는 데서 자취를 남겨 자취만을 남기는 무명과는 다르지만 자취 또한 마음 길의 하나이니 자취만 잡고 늘어지지 않는다면 그 또한 훌륭하게 수놓은 마음의 장엄이지요. 자취가 장엄이 되어 마음 밭이 더 아름답게 되었으니 무명이 이미 무명이 아니고 마음의 거울이 되었습니다.

마음 거울에 비친 것은 무명인 듯하지만 그 또한 마음의 다른 모습이므로.

무명이 다함도 없고

역무무명진亦無無明盡

모든 것은 마음이 지어낸 것이니 무명 또한 마음의 특별한 활동일 수밖에 없습니다. 그렇기 때문에 마음을 분명히 안다고 하는 것은 무명이 가지고 있는 특별한 활동이 모두 사라지는 것이 아닙니다. 곧 마음의 아는 작용이 작용되기 위해서 차별로 일어나는 분별을 명확히 알아야 하기 때문이지요. 여기에 마음의 분명한 앎과 무명과의 갈림길이 있으니 무명은 분별된 것만 아는 것인데 반하여 마음은 분별과 무분별을 마음대로 넘나들며 분별에도 걸리지 않고 무분별에도 걸리지 않습니다.

여기에서 무명과 마음은 다르지만 안다고 하는 작용면에서는 또한 다르다고만 할 수 없습니다. 그러니 무명이 다할 때가 있을 수 없습니다. 마음의 제 성품이 한정되지 않는 것처럼 무명 또한 제 모습을 근원적으로 갖고 있지 않기 때문입니다. 그런 뜻에서 보면 무명이라 할 어떤 것이 없으니 그 무명이 다한다고 하는 것조차 성립될 수 없습니다. 그래서 무명이 곧 깨달음이 되나 봅니다.

나아가

내지乃至

다시 말을 이어가는 대목으로 많은 생략이 이 가운데 들어 있습니다.
생략된 곳은 이해될 만큼 생략되었지만 한편 글의 흐름 따라 편안하게
흘러가면 되는 곳이기도 합니다.

삶도 그런 것 같습니다. 딱히 제 빛만을 고집하지 않고 흐름에 따라
흐르면서 인연 따라 제 모습을 드러낼 때 가장 편안한 삶인 듯합니다.

그래서 삶의 흐름에 완벽하게 일치하여 사는 이들은 성자의 삶을
산다고 했는가 봅니다.

생명들은 흐름으로 하나 되면서 갖가지 모습과 제 빛으로 어울리는
아름다운 인연

늙고 죽음도 없고

무노사無老死

늙고 죽음도 없습니다. 새로운 삶을 준비하는 시기여야 할 것 같습니다. 늙고 죽음은 그래서 아름다운 삶의 과정이 되어야 합니다. 왜냐하면 돌이켜 지나온 삶을 보면서 많은 일들로부터 편안해지고 그 편안함이 새로운 삶을 성숙시켜 가는 힘이 되어서입니다. 가까이서 함께 지나온 이들과 헤어진다는 데서 보면 너무나 큰 아픔이지만 어느 시인의 말처럼 소풍 끝나고 돌아가는 것이라, 다시 그리운 얼굴을 만날 수 있는 기쁨으로 맞이하는 것도 좋을 것 같습니다. 잔잔한 삶을 살아온 이는 그래서 보는 사람도 편안하게 하나 봅니다.

늙고 죽음은 젊음과 생명을 잃는 것이 아니라 새로운 젊음과 생명의 모습이 함께 이루어지고 있는 기간이기도 하니, 윤회는 죽음을 두려워하는 데서 보면 괴로움이 된 삶의 모습이지만 늙고 죽음이 그 자체로 이미 두려움이 아닐진대 삶은 어느새 윤회를 벗어나 있습니다. 삶의 본질은 늙고 죽음도 없는 밝은 지혜 곧 좋은 길잡이인 마음의 흐름 따라 이곳 저곳을 소풍 다니는 것과 같은 것, 그래서 영원한 생명이며 영원한 빛이라 했을까요. 삶과 죽음이 그대로 열반인 뭇 생명들의 마음 씀씀이 하나하나를.

늙고 죽음이 다함도 없고

역무노사진亦無老死盡

늙고 죽음이 다함이 없다고 하는 것은 생사윤회를 계속한다는 것이 아니라 생사에서 열반과 지혜를 그대로 이룬다는 것입니다. 죽음 이후에 아미타 부처님을 만나 마침내는 깨달음의 세계를 이루기도 하지만 중생의 윤회 그 자리에서 깨달음의 세계를 이룬다는 것이 늙고 죽음도 없는 이치이니 삶과 죽음은 열반과 지혜가 드러남인 듯합니다. 그러므로 생사를 싫어할 것도 없고 열반과 지혜를 취하려할 이유도 궁극적으로는 없습니다.

삶과 죽음으로 나뉜 세상을 이루는 것은 삶과 죽음이 서로 상대해서 이해되는 데 있고 그 결과 괴로움이 있으나 삶과 죽음 그 자체를 바르게 알게 되면 만족할 수 없는 괴로운 삶은 사라지고 말지요. 괴로움과 불만족은 현재를 돌아보게 하는 장치로 이를 통해서 마침내는 모든 불만족이 사라진 생사 없는 세계를 살아가리니 삶과 죽음이 오히려 삶과 죽음을 벗어나게 하는 것입니다.

고집멸도도 없고

무고집멸도無苦集滅道

부처님께서는 올바른 이해로 네 가지 성스러운 진리 곧 고·집·멸·도를 잘 아는 것이라고 말씀하셨습니다. 그렇지만 이 가운데 열반 곧 멸은 사실상 무엇이라고 서술할 수 없는 것이니 말을 가지고 이해하는 우리로서는 열반을 이해할 수 없습니다. 바꾸어 말하면 말을 떠나야만 열반을 경험할 수 있다고 하겠습니다.

일상의 삶에서 쓰여지고 있는 말만이 말이 아니라 말이 가지고 있는 제한적 요소를 눈, 코 등도 갖고 있기 때문에 보이는 것 등의 대상도 말과 똑같은 제한성을 갖고 제 모습을 나툰다는 뜻에서 넓게 보면 이들도 말이며, 말의 제한성이 습관적으로 이어지는 것 곧 습기 또는 종자도 말일 수밖에 없습니다. 그러므로 말을 넘어서면 열반을 경험한 다고 합니다. 그래서 침묵은 때로는 소중한 것이지만 드러나지 않는 말로서의 침묵일 때는 그 또한 말이 되고 말기에 말과 함께 침묵도 떠나야 할 것 같습니다.

말의 경계를 고집하고 그것으로 욕심내며 성내는 삶이 말의 경계를 벗어날 때 열반의 밝은 삶, 경계 너머의 삶을 살게 되니 부처님의 말씀도 강을 건너는 뗏목에 비유되겠지요. 그래서 부처님의 말씀에 얽매여 있으면 그 또한 부처님을 등지는 길이 되고 말지요.

지혜도 없고

무지無智

알려 해도 알 수 없고
알려 하지 않으면
드러나도 모르는 일

반야[智]는 앎과 모름을 넘어서는 데서
앎과 모름을 떠나지도 않으니
앎 곧 지혜가 없다고 해도 맞지 않는 일이며
없음[無]이나 빔[空]은 말의 경계를 넘어서야만
맛볼 수 있는 겹쳐진 세계지요

그러므로 중생계를 떠나지 않고 열반을 성취하고
생사를 벗어나지 않고 보살의 길을 가
생사도 싫어하지 않고
열반도 구하지 않는 것이겠지요

없음[無]이 반야[智]가 되어
흐름대로 사는 삶으로
반야조차 없는
흐름이 되었습니다

또한 얻음도 없습니다

역무득亦無得

가진 것이 많은 만큼
부족한 자리가 더욱 커 보이나
가진 것이 적은 만큼
마음은 더욱 넉넉해지니

바람 없는 삼매[無願三昧]는
반야[空, 빔]을 나타내는 또 다른 말입니다

반야는 얻는 것이 아니라
삶의 빈자리를 만들어
쉬게 하는 자리가 되기 때문이지요
그래서 모든 생명의 쉼터는
아무것도 얻지 않는 반야에서 진실로 살아 있지요

얻지 않는 것이 아니라
아무런 얻음도 없을 때 열리는
생명 나눔의 진정한 자리가
얻음 없는 반야입니다

그러면서도 그 자리는
새롭게 만들어지는 자리가 아니라
이미 그렇게 있지요

아무런 얼음이 없을 때만
살짝 제 얼굴을 드러내 보이면서

왜냐하면 얻을 바가 없기 때문입니다

이무소득고以無所得故

무엇을 갖는다는 것은
무엇을 갖는 것만이 아니라
무엇을 갖는다는 마음에
갇혀 있는 것이 된 듯합니다

그래서 마음은 법계의 얼굴이면서
삼세를 만든다고 했지요. 그러면서도
갖는 만큼 나눔도 커지는 마음은
갇힘 없는 마음의 제 모습일지니
마음은 참으로 미묘한 자리가 될 수밖에 없어
모양이나 생각으로 그려볼 수 없나 봅니다

모양이나 생각에 걸리지도 않고
모양 없음과 생각 없음에도 걸리지 않으니
얻는다거나 얻지 않는다고 하는 것 또한
반야를 가리킬 수 없을 것 같습니다

얻는 것이나 갖는 것이 없는 것만이 아니라
없는 곳조차 없어야 된다고 한 것은

이것을 말하는 것이겠지요
없다고 하는 것도 갇힌 마음일 테니까요

그러니 얻을 것이 없는 반야에
의지한다고 하는 뜻마저 사라진 데서
보살들의 삶이 있다고 해야 하지 않을까 싶습니다

얻을 자도 없고 얻을 것도 없고

보리살타께서도

보리살타菩提薩唾

삼세의 모든 부처님과 보살님들께서 오직
당신만을 위해 계신다고 하신
옛 스님의 말씀만큼
부처님과 보살님을
바르게 실감한 말씀이 또 있을까요

부처님은 부처 되려 있었던 것이 아니고
보살님도 보살 되려 있었던 것이 아니라지요

오직 한 가지
아파하는 중생들의 이웃 되려 하심 때문이라지요
허니 쩨쩨한 마음씀으로 쓴웃음 짓는 일이 없어도 될 듯합니다
부처님, 보살님을 부르는 마음도 되기에

허나 허공에 대고
부처님을 부르는 일은 없어야겠지요
이미 와 있는 이웃이
부처님, 보살님의 얼굴이 되어 있을 테니까요

마음 마음으로 이어지는 부처 길을 열면
따뜻한 보살님들의 손길이
어느새 와 있을 것입니다

그럴려고 보살님이 되었고 부처님이 되었으며
그렇기 때문에
보살님이고
부처님이 되기도 하고요

반야바라밀다에 의지하는 까닭에

의반야바라밀다고依般若波羅蜜多故

법신 부처님도 아니고
보신 부처님도 아니고 화신 부처님의 모습도 아닌
범부의 모습을 하고
마음을 비워 보살이 되셨습니다
그래서 마음 비움이 보살님이고 반야바라밀입니다

그렇지만 마음은 원래 비어 있는 것
새삼스럽게 비울 것이 없지만
중생의 마음 씀씀이가 홀연히 사라질 때를
마음 비웠다고 할 수는 있겠지요

중생의 마음이라 불렀지만
이 또한 알아차리는 각성覺性이 근본이니
중생의 마음을 여의고는 반야가 따로 없습니다

그러므로 마음 밖에서 부처를 찾으려 하면 이미
지혜[반야]가 아니겠지요
마음 마음의 실상이 반야이기에
반야에 의지한다고는 했지만

마음을 지켜보면
어느덧 반야로 알아차리지요

이 흐름이
반야며 관이며 마음이니
마음이란 수행으로 완성되는 것이 아닌
무엇

마음에 걸림이 없고

심무가애心無罣碍

반야에 의지하기에
마음이 어디에도 걸리지 않는 것이 아니라
어디에도 걸리지 않아야
반야가 되지요

마음이 반야를 제 특성으로 하니
그 가운데서
온 생명들이
조화롭게 제 모습을 드러낼 수 있지요

그러므로 제 모습만을 고집해서 보는 마음은
마음의 참모습이 아닙니다
마음은 있는 듯 없는 듯
어디에도 걸리지 않는 것
마음인 듯하면서도 걸림 없는 것

이것이 마음의 모습

걸림이 없는 까닭에

무가애고無罣碍故

반야에서 보면
빈 마음조차 무거운 짐
빈 마음이라고도 말할 수 없지요

마음은
만 가지 모습을 다 갖고 있으면서도
어느 것에도 머물지 않는 것 그래서
빈 마음이 만 가지 마음 가운데
하나가 될 때 그리고 그렇게 되고 싶을 때
이미 빈 마음이 아닙니다

빈 마음이란 서술도
어찌할 수 없이 쓰는 말
마음을 가리키는 말이 될 수 없지요

걸림 없는 마음이 있는 것이 아니라
마음이란 원래 걸림 없는 것

온갖 것이 이로부터 나오니

말과 생각으로는

알 수 없는 것

두려움이 없고

무유공포無有恐怖

찾고 또 찾았으나 허물 깃든 마음을 끝내 찾지 못하고서도 모든 허물로부터 자유로워졌다는 이야기는 너무나 잘 알려진 이야기지요. 마음은 찾는다고 찾는 것이 아닌가 봅니다. 허물을 담고 있는 마음이 있는 듯 할 때는 참기 어려운 아픔이 있었지만 이 또한 허상에 매여 만들어 낸 허물에 지나지 않았던 것입니다. 허상은 말할 것도 없고 그걸 갖고 있다고 여긴 마음조차 자취를 남기지 않으니 두려움이 설 곳 또한 없겠지요.

두려움으로 남아 있는 삶과 죽음의 연속이 새롭게 새롭게 자기 세계를 창조해 가는 마음으로 있습니다. 그것은 마음도 자취도 남기지 않는 것입니다. 삶과 죽음의 이어짐 곧 생사윤회가 애초부터 있을 수 없었던 것이니, 부처님께서 출현하여 보여 주셨던 크나큰 가르침이 그것입니다. 빈 모습이 깨달음이 되어 마음으로 나투니 두려움이 없습니다.

잘못된 생각을 멀리 떠나

원리전도몽상遠離顚倒夢想

아는 것이 많은 만큼 마음은 더욱 바빠지고 바쁜 만큼 고단함으로 지친 어두움이, 헛된 꿈이 삶이 되게 하니 꿈인지 생시인지조차 분간 못하게 된 것 같습니다. 이때에 이르러야만 앎조차 놓으려 할 테지만 꿈꾸는 마음을 쉼 또한 쉽지 않네요. 허나 아는 것을 모두 놓고 알 수 없는 곳을 그저 지켜볼 수밖에 없게 될 때 이미 꿈에서 벗어나는 길에 들어섰으니 알려 하지 않고 보려 하지 않아야 할 것 같습니다. 알지 못하는 것이 아니라 알지 못함이 분명한 만큼 마음의 빛은 더욱 밝아지리니 그래서 아는 것으로 일어나는 생각은 그냥 지나가도록 놓아두고 모르고 모르는 곳으로 생각을 이어 가다 생각조차 사라지면 꿈꾸는 삶에서 깨어나리니 크게 깨어난 삶이 되겠지요.

마침내 열반이며

구경열반究竟涅槃

처음이 없거늘 끝인들 있을까 싶더니
어느새 끝없는 곳을 묻고 있네요
그것은 느닷없이 일어나는 풍파

그러나 묻지 않으면 알 수 없고
물으면 제풀에 지치리니
물어도 묻지 않아도 멀어지기만 하고
지친 발걸음을 서둘러 재촉해도
아득하기만 하더니

먼 산마루 걸친 구름 한가롭게 쉰 모습에
길가에는 새싹이 파릇파릇

묻지도 않고 찾지도 않고
옛길 따라 걷다가 쉬다가

삼세의 모든 부처님께서도

삼세제불三世諸佛

마음 마음마다
부처님의 얼굴을 하고
마음으로 있습니다

마음 쓰는 모든 자리가
부처님이 되었지요. 그래서
삼세의 모든 부처님이라고 해서
저 멀리 계시는 부처님이 아닙니다. 더더구나
부처님의 모습이 특별하게 있는 것이 아니라
모든 중생들과 만나는 자리에서
부처님이니

한 분 부처님이 나오셔서
모두를 부처님 되게 했습니다
부처님 그리고
부처님

반야바라밀에 의지한 까닭에

의반야바라밀다고依般若波羅蜜多故

부처님께서 부처님인 것은 반야바라밀다가 부처되어 나타났기 때문이지요. 반야바라밀다에 의지해서 부처님이 된 것이 아니라 반야바라밀다가 부처님으로 제 얼굴을 드러낸 것입니다. 뭇 생명들의 본원이 지혜, 곧 반야바라밀다이며, 반야바라밀다가 부처님의 얼굴을 만들어내니, 부처님과 반야바라밀다는 한 몸입니다.

반야바라밀다 곧 지혜의 완성은 의지하는 부처님과 부처님께서 의지하는 지혜가 제 모습이 없는 빔[空]에서 하나 되면서 온갖 모습을 드러내는 것입니다. 또한 중생이 없다면 보살님도 부처님도 없으며, 완성된 지혜는 보살님과 부처님께서 중생들의 아픔을 치유하는데 쓰이는 방편이니 중생들의 아픔이 다하는 날 방편도 다하는 날이 될 것입니다.

위없는 바른 깨달음을 얻었습니다

득아뇩다라삼먁삼보리得阿耨多羅三藐三菩提

앞서는 얻은 것이 아무것도 없다고 했는데 여기서는 바른 깨달음을 얻는다고 하니 얻음도 얻음 없음도 반야의 자리에서는 하나가 되나 봅니다. 그래서 깨달은 사람을 자리 없는 자리를 사는 참된 사람이라고 했겠지요. 그것은 만남의 자리에서 모든 것이 그렇게 있는 것이니 깨달음이 수행자의 걸음걸음마다 표현되지 않는다면 곧 수행자의 삶과 다른 어떤 것으로 깨달음이 있다고 하면 오히려 깨달음을 등지고 말지요.

수행자의 자리와 마음 씀씀이가 경이 되고 깨달음이 될 때 경도 살아나고 깨달음도 제 빛을 내게 됩니다. 수행자 없이는 경도 없고 깨달음도 없습니다. 어쩌면 수행자와 만나는 곳마다 경전이 새롭게 쓰여지고 깨달음도 모양을 달리하여 나툰다고 해야 할 것 같습니다. 그러니 아무런 얻음이 없고 얻음 없음도 없을 때라야 위없는 바른 깨달음이 됩니다.

그러므로 알아야 합니다 반야바라밀다는

고지반야바라밀다故知般若波羅蜜多

반야바라밀다 곧 지혜의 완성은 어떠한 서술로도 형용할 수 없는 자리이지만 그 쓰임에서 보면 무엇이라 서술할 수 있는 여지가 있는 듯하여 지금까지 이런 저런 말로 설명해 왔습니다. 그러나 반야의 지혜는 저 스스로 빈 자리를 만드는 힘이니 알려 하면 더욱 알 수 없는 곳이 되고 말지요. 그런데도 잘 알아야 한다고 말씀하시니, 여기서의 앎은 이미 어렴풋한 앎이 될 수밖에 없는 듯합니다.

앎으로 드러나면서 그 순간 스스로 모습을 감추는 것으로 있으니 무엇이라고 알아차리는 것이 곧 모르는 일이 되고 말지요. 순간순간 빈자리를 만들어 자취 없는 길을 가면서도 무엇으로 있는 듯한 것이 반야바라밀다인 줄 알아야 한다고 말씀하시는 것인가 봅니다.

크게 신통한 주문이며
시대신주是大神呪

반야의 마음 빔이란
무엇이 비어 있는 자리만이 아니라 모든 것이
제 빛으로 어울리는 자리가 되면서도 비었기에
크게 신통하다고 하지요

제 빛으로 있으면서
뭇 삶들이 빛나도록 하는 데서 보면
빈자리로 있는 것 같으나

그 가운데
온갖 삶들이 녹아들어 있는 것에서 보면
그 자리 그대로가
뭇 삶들의 빛

그러기에
더욱 신통한 자리

크게 밝은 주문이며

시대명주是大明呪

밝고 밝은 마음은
스스로의 마음이면서
모든 것을 밝히는 마음

깨달음으로 새롭게 된 것이 아니라
언제나 만남을 통해서
스스로도 새롭고 이웃도 새롭게
열어 가는 마음

만나는 자리가 늘 새로움으로 있기에
한없이 큰 자리
한없이 큰 자리

진정한 새로움이란
그것이 드러나기 전까지의
한정된 생각들을 떠나야만 되기에

지나온 세월의 습관적 이해를 떠나야만
제 자리에서 늘 새롭게 빛나는
밝은 주문

크다고 이야기하고 있지만
실상은 크고 작음의 비교를 떠나 있으니

일어나는 마음 마음이
그 자체로
크고도 밝은 주문

위없는 주문이며

시무상주是無上呪

반야는 모든 분별이 녹아나는 데서 일어나는 앎이니 위없는 주문이 따로 있을 수가 없습니다. 곧 반야바라밀다를 생각 생각으로 잊지 않고 주시해 가는 주문은 생각 생각을 비우게 하는 힘이 있는 주문입니다. 바꿔 말하면 생각 생각을 비우는 주문은 바로 반야바라밀다 주문이 된다고 할 수 있겠지요.

곧 마음이 고요하고 밝은 것이면서 어느 하나의 모습으로 그려볼 수 있는 자성이 없는 앎이 반야의 주문입니다. 말도 생각도 넘어서는 주문이므로 차이와 비교를 가지고 이해되는 언설로는 가늠할 수 없는 것입니다. 중생을 위한 짠한 마음에 뒤돌아보는 아미타 부처님의 마음으로나 가늠할 수 있을까요.

견줄 데 없이 뛰어난 주문으로

시무등등주是無等等呪

마음의 실상은 제 모습이 없으면서도 깨달음으로 밝게 작용하는 지혜, 그래서 부처님의 지혜를 무등등無等等이라고 하며 이 말은 부처님 혹은 아미타 부처님을 가리키는 말도 되었습니다. 그러나 무등등으로 지칭되는 것은 마음의 실상이니 마음이야말로 가장 뛰어난 주문이 되었습니다.

밝은 마음이 가장 뛰어난 주문이지만 마음은 있다고도 없다고도 할 수 없으면서도 뭇 생명들의 생명 그 자체가 되었으니 이로 인해 모든 생명들은 평등하게 되었습니다.

생명들의 다른 모습들이 제 각각 마음의 다른 모습으로 실상을 드러낸 것이며, 이것은 다름 그 자체로 우주의 실상도 담아내는 것으로서 평등이기 때문입니다. 생명은 비교로서 높고 낮음을 말할 수 없는 데서 견줄 데 없는 뛰어난 주문이 됩니다.

생명의 다름을 나타내는 간절함으로 일어나는 생각과 말이 법계를 매 순간 새롭게 드러내면서 우뚝 선 모습이 된 것, 반야의 주문입니다.

모든 괴로움을 다 없앨 수 있으며

능제일체고能除一切苦

누구라도 바라는 맑고 아름다운 삶이지만 이 삶도 또한 무상한 삶, 그래서 무상을 아는 것이 해탈에 이르는 첫걸음이면서 바른 길이 되나 봅니다. 무상을 안다는 것은 무상을 받아들이는 것이지만 참으로 받아들이기 어려우니 항상 하고자 하는 바람이 실상이 되어 무상을 가로막고 있기 때문이겠지요.

그래서 아무런 바람이 없는 것이 해탈을 살아가는 바른 모습이라 했나 봅니다. 삶을 삶 그대로 보고 편안히 받아들이는 넉넉함은 바람 없는 데서 이루어지는 만남이겠지요. 만남에서 열려 있는 넉넉함이 평안을 이루며 나 또한 만남에서만이 나이니 만남이야말로 해탈을 나타내는 것입니다.

만남인 연기법을 제대로 볼 때가 나 없는 해탈을 이루는 것이며 모든 아픔이 사라지는 곳입니다. 허니 무상을 잘 알고 아무런 바람이 없을 때 반야바라밀다의 삶이 만남에서 나 없는 모습을 나투어 모든 괴로움이 다 없어진 완성된 삶이 되었습니다.

110

진실하여 허망하지 않음을

진실불허眞實不虛

이름과 형상으로 있다는 것은
다 허망한 것, 그렇다고
이름과 형상을 떠나서 진실한 것이 있다고 하면
이름도 형상도 그 자체로 어떤 것이 되고 말지요

이름과 형상이 허망한 것이 되는 것은
그 자체가 진실과 함께 있을 때이니
어떤 것이 진실이며
어떤 것이 허망입니까

허망도 진실도
반야의 진실을 가리킬 수 없으니
진실은 허망한 것이 아닌 어떤 것이 아니라
진실도 허망한 것

그러나 허망한 줄을 알 때
허망한 것이 새삼스럽게 진실이 되고
진실도 또한 허망이 되어
진실도 허망도 없어지지요

진실도 허망도 없어질 때
어떤 이름으로도
어떤 모양으로도
나타낼 수 없는 것이 진실이 되나

그곳은 다시 어떤
이름으로도 어떤 모양으로도 그려지니
진실이면서 허망이며
허망이면서 진실인
참으로 미묘한 세계를 일컬어 다시
진실하여 허망하지 않는 삶이라
부를 수밖에

그러므로 반야바라밀다주를 말했습니다

고설반야바라밀다주故說般若波羅蜜多呪

부르지 않을 수 없는 주문
반야바라밀다는
찬연한 빈 삶

걸음 걸음마다
생각 생각마다 이어가는
마음 빔이

다시
걸음 걸음이 되고
생각 생각이 되어 모든
삶의 모습을
그 모습대로
빛나게 하는
주문

찬연한 빈 삶이여!
반야바라밀다 주문이여!

바로 주문을 말하겠습니다
즉설주왈卽說呪曰

마음 빔이 울림 되어 나오는 소리가
주문이라지요

이 울림은
안팎이 어우러져 함께 울리는
반야 곧 지혜의 소리

말이 가지고 있는 의미체계를 넘어선 자리에서
드러내 보이는 깨달음의 소리이지요

끝없이 깊은 곳이
한없이 넓은 곳이
울림으로 하나 되어
다시 퍼져나가는 지혜의 모습

평화롭고 아름다운 삶의 자리를 장엄하는
노래가 되고
고요하고 맑은 삶을 이야기하는 노래가 되니

반야인 빈 삶은

찬연하게 빛나는

주문

아제 아제 바라아제 바라승아제 모지 사바하
揭諦 揭諦 波羅揭諦 波羅僧揭諦 菩提 娑婆詞

외우고
또
외웁니다

아제
아제
바라아제
바라승아제
모지
사바하

가자
가자
깨달음으로
함께 사는 아름다움으로

아! 찬연한
빈 삶이여!

2부

밝게 빛나는 마음

1. 신통하고 밝으며 위아래 없이 어울린 삶

불교를 공부할 때 염두에 두어야 할 것은, 지식의 대상으로서만 '불교를 배운다'는 생각을 가져서는 안 된다는 것입니다. 괴롭고 힘든 삶을 평안하고 아름다운 삶으로 바꾸고 조화롭고 평화로운 삶을 이웃으로 넓혀 가는데 불교의 참뜻이 있기 때문에 삶을 떠나 불교를 배운다고 생각해서는 안 됩니다. 그러기 위해서는 '한 생각, 한 동작마다 밝은 알아차림이 있어야' 합니다.

돌이켜 보면 삶이 괴롭고 힘든 것만은 아닙니다. 어떤 사람은 늘 행복하기만 하여 부처님의 가르침이 전혀 마음에 와 닿지 않는다고 생각하거나, 부처님의 가르침을 배운다 할지라도 자기의 행복이 영원하기를 바라는 정도일 것입니다. 또 어떤 사람은 괴롭고 힘든 삶에서 벗어나기를 바랄지라도 아무것도 바뀌지 않을 수도 있습니다. 그러나 우리의 삶에서 행복과 괴로움이란 늘 그렇게 있는 것이 아닙니다. 삶을 잘 살피지 않을 때 우리가 행복 또는 불행이라고 생각하는 것이 정말 행복인지 불행인지 모르는 수가 있습니다.

그러므로 '삶을 밝게 알아차린다'는 것은 먼저 살아가면서 어느 때는 행복이 괴로움으로 바뀌고, 또 어느 때는 괴로움이 행복으로 바뀔 수 있음을 잘 아는 것입니다. 다음에 그 행복이나 괴로움이

'어떻게 일어나는지 잘 살피는 것'입니다. 왜냐하면 행복과 괴로움이 무엇이며 어떻게 일어나는지 모른다면, 행복을 잘 가꾸거나 괴로움에서 벗어날 수가 없기 때문입니다. 행복이나 불행은 삶의 다양한 모습들 가운데 한 부분입니다. 그러한 삶의 특성을 잘 알아 마음을 다스리게 되면 평안하고 아름다운 삶을 살게 됩니다.

우리의 삶에 대한 부처님의 가르침 가운데 가장 널리 알려진 것은, "이것이 있으므로 저것이 있고 이것이 없으므로 저것이 없고 이것이 생겨나므로 저것이 생겨나고 이것이 사라지므로 저것이 사라진다[此有故彼有 此無故彼無 此生故彼生 此滅故彼滅]"는 말씀입니다. 이는 '삶이란 함께 이루어지고 있다'는 뜻입니다. 이것이 주체가 되어서 저것이 있게 하거나, 저것이 주체가 되어서 이것이 있게 하는 것이 아닙니다.

'이것과 저것'은 '함께하는 존재'로서 서로의 삶을 유지시키고 키웁니다. 그러므로 어느 하나가 없어지면 다른 것도 없어집니다. 이는 '생과 멸의 관계는 함께'라는 것을 뜻하며, 이렇게 보았을 때 우리의 삶을 제대로 볼 수 있습니다.

이 이야기를 시작하면서 반야심경 끝부분의 주문을 먼저 다뤘습니다. 그것은 생각 생각에 이 주문을 잊지 않고 이어가는 것이 모든 법의 빈 모습을 관하는 반야바라밀 수행을 하는 것이라고 생각했기 때문입니다.

"가자, 가자, 깨달음의 열린 삶으로,

함께 사는 아름다움으로.

아! 찬연한 빈 삶이여"

揭諦 揭諦 波羅揭諦 波羅僧揭諦 菩提 娑婆訶

『반야심경』에서는 '함께 이루는 삶'을 '빈 마음[空, 지혜]으로 이루는
삶이라 하며 생각 생각으로 빈 마음을 이루어 가기 위하여 주문으로
서 "가자, 가자, 깨달음의 열린 삶으로, 함께 사는 아름다움으로.
아! 찬연한 빈 삶이여"라고 합니다. 이 때 '가자, 가자'라는 말은
'어디에서 어디로 간다'는 것이 아니라, "'간다'라는 상태 속에 자기
자신과 세계를 함께 드러내 보이는" 삶의 역동적인 모습입니다.
여기에는 도달해야 할 '깨달음의 열린 세계'가 따로 있는 것이 아니라
'가고 있는 상태가 목표인 동시에 현재'입니다. '깨달음의 열린 마음으
로 함께 사는 아름다움'이야말로 찬연한 삶이며 공이며 반야바라밀
이기 때문입니다.

"이것이 있으므로 저것이 있다"는 부처님 말씀은, '가는 자'가
있어서 '가는 것이 아니라' 가는 동작에 이 세계를 동시에 함께
담고 있어야 한다는 뜻입니다. 가는 목표에만 뜻이 있는 것이 아니라,
가는 동작 하나하나에 자기 전체의 삶을 담고 있어야 합니다. 이것을
'깨달음' 또는 '열린 삶'이라고 합니다.

'함께 사는 아름다움'이란 열린 완전한 삶, 동시에 함께 사는 세계를
말합니다. 함께 사는 속에서만 아름다움이 있으며, 함께 살지 않으면
아름다움은 드러나지 않는다는 것이 『반야심경』에서 말하는 주문입

니다. 그러므로 '깨달음의 열린 삶으로, 함께 사는 아름다움'으로 자기 자신을 한발 한발 내딛어야만 반야바라밀의 주문 속에 있게 됩니다. 이 가르침 속에 자신이 함께 들어가야 주문이 살아나는 것입니다.

그래서 "이런 까닭에 '빈 마음으로 함께 사는 반야바라밀의 삶'은 크나큰 신통·크나큰 밝음·위없음·한어울림의 주문이며, 이것은 나·너의 분별에서 생기는 모든 괴로움을 없애는 참된 가르침임을 알아야 한다[故知般若波羅蜜多 是大神呪 是大明呪 是無上呪 是無等等呪 能除一切苦 眞實不虛]"라고 했습니다.

순간순간 시간과 공간의 자기 한계를 벗어난 깊은 반야바라밀을 '크게 신통한 주문[大神呪]'이라고 합니다. 마음을 가라앉히고 고요함 속에서 삶을 보게 되면, 시각과 청각 등의 한계를 벗어나 지금까지 보고 듣지 못했던 세계를 경험하게 됩니다. 마음을 고요히 하면 공간이 가깝거나 멀게 보이고, 색깔이나 형태도 다르게 보입니다. 이러한 것이 신통의 작은 체험입니다. 그러다가 '나'의 한계를 완전히 벗어나면 크게 신통한 삶이 됩니다.

다음은 밝은 삶[大明呪]입니다. 밝음이란 어둠과 상대되는 말로서, 여기서는 "'나' 속에 갇힌 어두움을 벗어난 밝은 삶"을 뜻합니다. '밝은 삶'이란 벽에 갇힌 '나'가 없는 삶을 말합니다.

다음에 위없는 삶[無上呪]에서 위없음[無上]이란 말은 아래없음[無下]을 포함하고 있습니다. 나보다 잘난 사람도 없고 못난 사람도 없습니다. 부처님 당시 인도에서는 카스트에 의해서 잘나고 못난 사람들이 결정되었습니다. 더군다나 불가촉천민이나 여자들을 비인격체로 여겼습니다. 불가촉천민은 말 그대로 보통 사람들과 자리를 같이 할 수 없었습니다. 그런데 부처님께서 깨닫고 보니 "잘난 '나'도 없고 못난 '너'도 없고 함께 사는 우리"만 있습니다. 이와 같이 '함께 사는 우리만 있는 것'을 위없음이라고 합니다. 부처님만이 세상에서 가장 높은 분이 아닙니다. 부처님께서 부처님일 수 있는 것은 이러한 '자기 열림'이 있기 때문입니다.

부처님께서는 부처 아닌 사람과 더불어 열려 있어서 '위도 없고 아래도 없는 있는 그대로의 모습대로' 살아가십니다. 반야바라밀인 '빈 마음의 지혜'로만 계십니다. 위도 없고 아래도 없는 자기 모습 그대로가 가장 높음이며, 가장 신통함이며, 가장 밝음입니다. 그러므로 100점을 향해서 힘껏 달리는 우리 모습은 차별 없는 한어울림[無等等呪]이 아닙니다. '자기 모습대로 함께 어울려 사는 것'이 한어울림으로서, 우리 모두가 동시에 평화로워서 집안뿐만 아니라 집 밖에 나가도 편하게 됩니다.

반야바라밀 수행을 통해서 자기밖에 모르는 삶이 사라져 '함께 사는 아름다움이 생명의 참 모습'임을 아는 것은 진실하여 허망하지 않습니다[眞實不虛]. 진실이란 중도中道로 '삶의 유연성'을 말합니다. 삶에 유연성이 있으면 삶의 내용을 한 가지로 결정짓지 않기 때문에 모든 만남에서 늘 자유롭습니다. 삶이란 지금 이 모습 그대로 위도 없고 아래도 없는 가장 참된 자기표현이기 때문에 비교할 '나'와 '너'는 있을 수 없습니다. 걸을 때는 '걸음', 앉을 때는 '앉음', 생각할 때는 '생각함'에 대해서 투철하게 깨어 있으면, 그것이 바로 중도이며 진실한 삶입니다.

앞에서 말한 '이것이 있으므로 저것이 있다'는 말은 이것 또는 저것이 주체로 결정되어 있다는 말이 아닙니다. 이것과 저것은 '함께 하는 생멸의 변화 속의 이것과 저것'이라는 뜻입니다.

순간순간 '생멸의 변화 속에서 이것과 저것이 어울린 삶'이 중도입니다. 부처님께서는 가르침을 약에 비유합니다. 똑같은 약으로 모든 사람을 다 치료할 수 없듯이, 인연에 따르는 것이 반야바라밀을 수행하는 것입니다. 이 수행으로 우리는 '열린 삶, 함께 사는 아름다움'으로 가게 됩니다.

생각이 일어나는 순간, 그 생각 속에 깨어 있지만 '나'는 없습니다. "'나'가 없는 가운데 신통스럽고 밝으며 위아래가 없으면서 함께 어울린 삶의 모습"이 반야바라밀입니다. '나' 자신을 시간과 공간에서 완전히 열어 진정한 삶을 확인한 것을 '금강반야'라고 합니다. 그래서 부처님께서는 "와서 보라"고 하셨습니다. 스스로 직접 확인하고 믿을 만하여 자기 자신을 전부 던져 버릴 만한 것을 '금강반야라고 합니다. '금강반야'로서 확인된 지혜에 의해서 '나'가 사라지고 진실한 세계가 드러나면서 믿음이 생깁니다. '나'의 삶이 완전히 열려서 "나 없는 가운데 함께 사는 아름다운 모습으로 '나'와 '너'가 있는 것"을 보고 믿는 것입니다.

『금강반야바라밀경』은 "보살이 가야 할 길은 무엇입니까, 완전한 깨달음, 위없는 바른 깨달음에 이르기 위해서는 어떻게 살아야 합니까?"라는 수보리 장로의 물음에 대한 부처님의 가르침입니다. 보살 이란 '함께 사는 아름다움으로 전체가 드러나는 삶'을 바라는 사람들입니다. 보살의 삶은 위없는 모습으로 드러납니다. 바른 어울림은 차별 없는 한어울림을 말합니다. 함께 사는 아름다움 속에 위없음과 한어울림으로 깨달음이 드러나 있는 것이 또한 '금강반야' 입니다.

지금까지의 나만의 세계, 집단의 세계는 날카로운 '금강반야'에 의해서 사라지고, 찬연한 열림의 삶이 드러나 다시는 의심 없이 믿습니다. 이때 비로소 우리는 참되고 허망하지 않은 삶을 살아가게 됩니다. '허망한 삶'이란 가립된 실재인 보편적 자아와 법[我法]에 의해서 서로 간에 막힌 삶을 말합니다. 보편적으로 자아와 법속에만 빠져서 산다면 낱낱이 살아 있는 한어울림의 세계는 사라지고 오로지 보편성만 의미가 있게 됩니다. 그러한 보편성의 세계를 '가립된 세계'라고 합니다.

그러나 반야바라밀 수행을 하여 이러한 보편성의 세계가 각각의 차별 속에 그대로 살아있음을 보고, 그 자체를 인정하면서 함께 어울려 사는 삶, 허망함이 없는 참된 중도의 삶이 드러납니다. 이때 비로소 우리는 반야바라밀 속에 살게 됩니다. 이것이 '아제 아제 바라아제 바라승아제 모지 사바하'이고, 신통한 삶·밝은 삶·위없는 삶·어울린 삶으로 나·너의 분별로써 생기는 모든 괴로움을 없앤 진실한 삶입니다.

2. '나'를 이기는 사람이 뛰어난 사람

"삶이란 본래 어울림으로만 있음을 보는 수행자가
마음을 완전히 열 때, 몸과 마음을 이루는
다섯 가지가 다 빈 것으로 서로를 받아들이고 있음을 밝게 아니,
나·너의 분별로써 생기는 모든 괴로움이 사라진다."
觀自在菩薩 行深般若波羅蜜多時 照見五蘊皆空 度一切苦厄

『반야심경』에서는 주문의 가르침대로 사는 사람을 '관자재 보살'이라고 합니다. '관자재 보살'이란 첫째로 관세음 보살, 둘째로 관이 자재한 보살, 셋째로 자재를 관하는 보살을 말합니다. 관세음 보살님은 관이 자재할 뿐만 아니라, 자재를 관하는 능력을 갖추고 있습니다. 그런데 관세음 보살님은 멀리 있는 것이 아니라, 스스로 관이 자재하고 자재를 관하는 능력이 있게 되면 바로 그 순간 누구나 관세음 보살이 됩니다.

관觀이란 '깨달음의 열린 마음으로 보는 것'을 뜻합니다. 마음이 닫혀 있으면 스스로 자유롭지 못합니다. 우리는 보통 자기를 나무라는 소리를 듣는 순간 기분이 나쁘고 칭찬하는 소리를 듣는 순간 기분이 좋아지는 것 등으로 마음이 들뜹니다. 이와 같이 나무람과

칭찬에 마음이 흔들리면 관을 하는 사람이 아닙니다.

열린 마음의 완성과 그곳을 향하는 반야바라밀이 관이기 때문입니다. '함께 사는 아름다운 눈'이 관입니다. 반야바라밀이란 열림의 삶, 공空의 세계를 말합니다. 공의 세계란 '삶의 동시, 전체성'으로, 너로서 '나'가 있고 '나'로서 너가 있는 하나 된 삶의 장을 뜻합니다.

따라서 관觀이 자재自在하게 되면, 마음 가운데 '나'가 사라져 "'나'만 잘났다, '나'만 돈을 많이 벌어야 한다"는 생각이 없어집니다. 또 분별된 '나'라는 생각이 일어나는 순간, 그것을 정확하게 알아차리게 되어 허상의 '나'가 사라지면서 '함께하는 삶의 장'을 열게 됩니다. 이와 같은 관을 '금강반야바라밀'이라고 하며, '나'를 사라지게 하는 힘이 됩니다. '나'가 사라지면서 이것과 저것이 함께하는 삶, 열림의 세계, 찬연한 공의 세계가 완성된 것이 반야바라밀입니다.

그렇다고 이와 같은 세계가 삶의 저편에 있는 것이 아닙니다. 때문에 부처님께서는 "와서 보라"고 하셨습니다. 스스로 와서 "삶의 투명성, 곧 삶 속에서 '나'가 비어 있는 상태를 보라"는 것입니다. 삶 속에서 '나'가 비어 있는 상태를 투명한 삶이라고 합니다. 투명한 삶은 와서 보고 느끼고 앎으로써 힘을 삼는 세계입니다. 부처님께서는 그러한 세계를 투명한 일상에서 드러내 보이셨습니다.

요즘 우리 사회의 여러 가지 문제 가운데 하나는 공동체가 허물어진 것에 그 원인이 있습니다. 공동체의 한 사람으로서 개인의 삶은 투명하게 드러날 수밖에 없지만, 공동체가 허물어지면서 이웃은 사라지고 자신의 신분을 감출 수 있게 된 것이, 비도덕적이고 비윤리적인 문제를 쉽게 일으키는 원인 가운데 하나로 자리 잡게

된 것입니다.

수행자는 모든 것이 드러난 있는 그대로의 삶을 바른 걸음으로 살아가는 사람일 것입니다. 그렇기 때문에 자신에게만 갇힌 마음에서 벗어나 숨김없이 드러난 연기의 화엄 바다에서 '있는 그대로의 삶', 곧 '스스로 있는 삶'을 보는 이를 '자재를 관하는 사람'이라고 합니다. 이분은 한 발짝 뗄 때마다 그 속에 자기 자신을 전체로 드러내 보입니다. 행동 속에서 이야기 속에서 생각 속에서 조금도 숨김없이 자기 자신을 모두 드러내 보이되, '드러내 보이는 나'와 '드러난 행동'이 따로 없습니다. 순간순간 행동마다 '나와 행동이 함께한 자재만 있는 것'을 살아가는 것입니다. 이것을 반야바라밀을 행한다고 합니다. 그러므로 관세음 보살이나, 관이 자재한 보살이나, 자재를 관하는 보살을 '반야바라밀을 행하고 있는 사람'이라고 합니다.

반야바라밀은 '열림의 공空'을 뜻하며, 열림이란 '내가 사라진 것'을 말합니다. '나'는 '분별로써 이루어진 자아의식의 상속'을 뜻합니다. 현재의 '나'는 어렸을 때와 서로 다른 모습이지만, 이것을 '나'라는 보편성으로 인식하면서 '나'만의 영역을 이어가게 됩니다. 이것은 사유에 의해서 파생된 법法에 속합니다. 곧 법이란 '보편성을 띠고 있는 나·너의 상속된 분별입니다. 이러한 분별은 쉬지 않고 자기를 닮게 이어가기 때문에, 어렸을 때와 지금의 얼굴 모습이 비슷하며 생각도 비슷하게 됩니다.

이러한 상속에서 우리는 보편성을 취해서 절대적인 자아로 삼게 됩니다. 순간순간 일어나는 자기 변화의 다양성이 보편적인 자아에 의해서 구속됩니다. 이 보편적인 자아를 '자아의식'이라고 하는데, 이것이 순간순간 자기 복제를 하기 때문에 생각마다 '자기만의 소유'를 늘리면서 삶을 규정합니다. 깨어 있거나 잠들어 있거나, 순간순간 자아의식을 이어가면서 '나'만을 주장하게 됩니다.

'열림의 공空'이란 '나'가 사라지면서 드러난 '함께 사는 아름다움, 하나 된 세계'를 말합니다. 따라서 열림의 삶에서 쓰고 있는 '가자'라는 말은 오고 감의 뜻이 아니라 삶을 그대로 드러낸 것입니다. 그러므로 그러한 삶의 모습이 '나'라는 생각에 의해서 나누어질 때는 진실한 '나'를 모르는 것입니다. 지혜의 완성 곧 '반야바라밀'이란 '가자'에서 드러난 온전한 삶의 모습입니다. 그리고 공간적으로 '나'로 한정된 테두리와 시간적으로 어제·오늘·내일로 이어지는 자아의식에서 완전히 벗어나, '몸과 마음이 완전히 바뀌는 것'을 '깊음[深]'이라고 합니다.

'참된 삶'이란 '이것과 저것의 동시·동공간'을 뜻하기 때문에 이때에는 '나'에 의해서 시간과 공간이 한정되지 않습니다. 시간과 공간이 동시에 열려 있을 때에만, 우리는 비로소 '이것과 저것의 관계 속의 열린 삶'을 확실히 알게 됩니다. 보통 우리는 시간에 닫혀 있습니다. 어제와 오늘의 '나'가 똑같은 몸과 생각의 인식 범주 속에 있다면 우리는 '지금 여기에 있는 온전한 세계'를 알 수 없습니다.

'나'라는 테두리를 벗어나 이것과 저것이 동시·동공간에 함께하는 삶으로 바뀌게 되면, '나'의 깊은 뿌리가 빠져 마음 깊숙이 변화가 오기 때문에 '깊이 반야바라밀을 닦는다'라고 합니다. '반야바라밀을 닦는다'는 것은 '나'라는 생각이 일어날 때마다 즉각 그것이 없다는 것을 알아차리는 것입니다. 생각마다 반야바라밀을 떠나지 않는 것이 "아제 아제 바라아제 바라승아제 모지 사바하"라는 열려 있는 주문입니다.

부처님께서는 45년 동안 설법을 하시고도 "나는 설한 것이 하나도 없다"고 하십니다. 흐르는 물이 넓은 곳에서는 넓게, 좁은 곳에서는 좁게 주변과 함께하면서, 물이 넓거나 좁은 모양을 고집하지 않는 것처럼 부처님의 설법도 그때그때 살아 있습니다. 따라서 우리는 부처님 설법을 대할 때에 그것이 '가립된 실제로부터 벗어난 말씀'인 줄 아는 동시에 '그 말씀으로부터 자유로워야' 합니다. 그러므로 온전한 삶, 소외되지 않는 삶에서는 『반야심경』의 주문도 사라지는데, 주문은 원래 자기 실체를 갖지 않기 때문입니다.

부처님의 가르침으로부터도 자유로운 것은 전체가 다 드러난 진실한 부처님의 세계로, 이것을 시간, 공간에 매이지 않는[深] 완성된 열린 세계[般若波羅蜜]의 삶[行]이라고 합니다. 이러한 삶은 조작과 제약을 떠나므로 오온 그 자체는 다 빔으로 있으면서도 인연의 만남에서 오온으로 나투므로 오온 그 자체가 제약되지 않는 삶임을 철저히 알게 됩니다[照見五蘊皆空]. 우리의 삶[五蘊]이 열린 삶[空, 無爲法]임을 알게 됩니다[照見].

무위법은 제약되거나 조작되지 않은 법이며, 유위법은 조작되어 일정한 형태를 갖춘 법입니다. 그 유위법 속에 우리의 마음도 포함되는데, 이때 마음이란 "'나'만의 세계를 쌓는 힘"입니다. 나아가 사람마다 보편적인 '자아'를 설정하면서 서로서로 영향을 주고받습니다. 이와 같이 조작된 마음[妄念]이 수행에 의해서 사라지면서,

우리의 마음이 유위의 조작[業의 現行]인 것을 확실히 알게 되고 이렇게 아는 통찰력에 의해서 제한된 '나'의 마음과 아울러 '나'의 소유도 사라집니다.

지금 우리의 마음은 닫힌 마음으로, 스스로의 삶에서 소외되어 있습니다. 하나 된 삶에서 '나'를 떼어 내어 잘났거나 못났다고 비교하면서 사는 것이 '소외된 삶'입니다. 통찰력에 의해서 소외된 '나'가 존재하지 않음을 알게 되는 것을 '밝게 보는 것'이라고 합니다. 밝게 보는 것은 생각 생각마다 '나'가 빈 것임을 아는 것입니다. 한걸음 한걸음 뗄 때나 한 생각이 일어날 때마다 반야바라밀, 곧 '함께 사는 아름다운 세계여'라는 주문을 몸과 마음속에 함께해야 합니다.

한 생각 한 걸음마다 '함께 사는 아름다운 세계'라는 마음으로 세계를 비춰보는 것이 밝게 보는 것입니다. 그러면 '어울린 함께'로서 나와 너가 존재하며, 이를 떠나면 나도 너도 살 수 없음을 알 수 있게 됩니다. '나와 너'로 독립되어 있는 것은 없고, '함께 사는 아름다움만 있다'는 것을 알게 됩니다. 이때는 오온이 공空으로 나투어 빈 마음이 되므로 비로소 소외에서 오는 괴로운 중생 세계가 다 사라지게 됩니다[度一切苦厄].

일체란 보편적 자아에 의해서 나와 너, 나와 나무, 나와 불법佛法 등으로 나누어진 것입니다. 나누어진 세계는 있을 수 없는데[삶의 본 모습], 나누어진 세계가 있게 되어[중생세계] 불만족과 부자유[苦]가 있게 됩니다. 이와 같이 조작되고 닫힌 중생의 마음에 의해서 나타난 것이 고苦입니다. 삶은 "'더불어 함께'와 '자기표현'이 어울려 있는 것"입니다. 그런데 자기만을 고집하면서 '더불어 함께' 사는 삶을 알지 못해 모순 속에 빠져들게 되며, 이 모순이 우리의 삶에서 소외 곧 고로 나타납니다.

반야바라밀의 통찰력을 통해서 이와 같은 유위의 조작된 세계가 사라지고 '함께 사는 아름다운 세계'가 드러납니다. 이때 비로소 부자유와 불평등과 불만족이 사라지는데, 이것을 분별로 생기는 모든 괴로움이 사라진 것[度一切苦厄]이라고 합니다.

우리의 몸과 마음을 이어가는 업은 분별로써 이루어집니다. 일상에서 나·너로 분별한다면 이러한 삶은 업에 의한 제약된 삶임을 곧바로 알아차려야 합니다. 만일 알아차리지 못한다면 '나'라는 자아의식이 강해지면서 불만족과 부자유와 괴로움이 커지게 됩니다. 왜냐하면 '관계 속의 변화'인 우리의 삶에서 보면 고정된 자아의식은 모순이기 때문입니다.

부처님께서는 "뛰어난 사람이란 집안이 좋거나 사회에서 인정하는 사람이 아니라, 업을 사라지게 하는 사람"이라고 하십니다. 부처님께서 말씀하시는 승리자란 "'나'를 이겨서 분별하는 모든 행위로부터 벗어난 사람"입니다. 또 "전쟁에 나가서 만 명의 적을 이기는 것보다 '나' 하나를 이기는 것이 훨씬 더 뛰어나다"고 하십니다.

곧 승리자란 바로 '나를 이기는 사람'이며, 이 사람이야말로 큰 영웅[大雄]이라고 합니다. 그러므로 '큰 영웅'이란 홀로 깨어난 부처님만 말하는 것이 아니라, '분별에서 벗어나 함께 사는 사람' 모두를 말합니다.

'나' 자신을 이기게 되면 저절로 보살의 길을 걷게 됩니다. 『금강경』에서 "보살은 어떻게 생각하며 어떻게 살 것입니까?"라는 물음에 대하여, "아상我相, 인상人相, 중생상衆生相, 수자상壽者相이 없이 행동하라"라고 합니다. '나' 자신을 이기게 행동하면, 저절로 보살의 길이 열리도록 되어 있기 때문입니다.

● 불법이 뗏목이라면 불법은 실재하는 것이 아닙니까?

모든 것은 늘 '조건에 의해서 잠시 모습을 드러낼 뿐'입니다. 그러므로 변치 않는 것이 실재한다고 여기는 것은 진실한 삶에서 벗어난 것입니다. 이러한 허망한 삶에서 벗어나기 위해서는 알맞은 처방이 필요합니다. 보통 가벼운 병은 하루나 이틀 치 약으로도 좋아지지만, 깊은 병이 든 경우에는 오랫동안 약을 써야 합니다.

'나'만 아는 의意의 분별 작용은 매우 깊은 병입니다. 『금강경』에서는 우리가 깊은 병이 든 것으로 보아 같은 설법을 되풀이합니다. 그런데 우리의 분별로써 이 설법을 실재로 여긴다면, 약을 먹고 오히려 병이 드는 것과 같습니다. 부처님 법은 실재하는 것이 아니라 부처님 세계에 이르게 하는 한 방편일 뿐입니다. 중생과 더불어 완전히 하나 됨의 삶을 이루신 부처님께서는 중생의 법에 따라 알맞은 처방을 내리시기 때문에 중생의 병이 다 나으면 처방인 부처님 법도 필요 없다고 누누이 말씀하십니다.

● '가립假立된 실재'란 무엇입니까?

즐거운 삶이거나 괴로운 삶이거나 이것을 아는 것은 '나'입니다. '나는 즐겁다, 나는 괴롭다'면서 반드시 '나'라는 주체가 먼저 나옵니다. 그런데 우리는 살아가면서 즐거움을 얻으려고 하고 괴로움에서 벗어나려고 하면서도, 정작 이들을 느끼는 바탕인 '나'에 대해서는 알려고 하지 않습니다. '나'를 분명히 알게 되면 가립된 실재가 무엇인지도 저절로 알게 됩니다. 연기 실상인 만남에서 하나하나는 빈 모습[空相]으로 있는 것이며 여기에는 어떤 실재도 존재하지 않습니다. 이것을 알지 못하기 때문에 만남에서 '나와 너'를 나누어 '나는 나, 너는 너'라고 생각하는 것을 '가립된 실재'라고 합니다.

● '나'가 없다는 것을 믿기 힘듭니다.

마음은 '나와 너의 분별'을 바탕으로 하고 있습니다. 순간순간 의意의 분별은 '나'의 모습을 닮게 상속시키면서 일상의 의식으로 나타납니다. 이 상속이란 '자아에 대한 분별'을 이어서 확인하는 것입니다. 따라서 무엇이든지 '나'의 분별 속에 들어 있지 않으면 긴장하고 두려워하면서 그것을 믿지 못합니다. 우리 중생은 어떤 경우에도 '나'를 놓지 못합니다. 의식 전반에 걸쳐서 상속된 '나'를 놓지 못하기 때문에 이 상속에 의해서 확인된 것만 믿게 됩니다. 우리는 '믿음의 근거'에 대하여 다시 한 번 살펴보아야겠습니다.

　경전의 첫머리에 '이와 같이 들었습니다'라는 대목이 나옵니다. 이 말은 듣는 사람의 알음알이로 부처님 법을 듣는 것이 아니라, 부처님께 완전히 귀의하여 "듣는 '나'가 없이 듣는 것"을 뜻합니다. 그러나 우리는 들으면서 자신의 "알음알이로 '나'의 확인만을 계속" 하기 때문에, '나'에서 벗어날 수 없습니다. 숨쉬고 걷는 순간에 하나 된 '나'를 경험하지 못한다면, 한정된 '나'의 확인만 끊임없이 이어지는 것입니다. 그리고 '나'의 확인 속으로 들어오지 않으면 무엇이든지 받아들이지 않고, '나'의 확인 속으로 들어오면 무엇이든지 받아들이는 것이 바로 우리의 삶입니다. 이 때문에 '나'가 있다거나 없다고 주장하기 전에, '나' 자신의 삶을 잘 지켜보고 그 바탕이 되는 '나'에 대하여 밝게 알아야 합니다.

● 불교의 중요한 과제는 무엇입니까?
부처님께서 '괴로움과 불만족[苦]이 없는 열반의 세계'를 말씀하셨습니다. 그러나 우리가 열반의 세계를 경험하지 못했으면서도 열반의 세계에 대해서 말하는 것은, 마치 한번도 불을 보지 못한 사람이 불에 대해서 설명하는 것과 같습니다. 따라서 먼저 '빈 마음으로 사는 길을 아는 것'이 중요합니다. 불교의 중요한 과제는 '어떻게 살 것인가'라는 삶의 길을 제시하는 것입니다.

　우리는 부처님을 통해서 '삶의 근원적인 괴로움에서 벗어나 함께 사는 세계에서 살 수 있음'을 알게 됩니다. 부처님을 보고 있으면 저절로 그런 마음이 일어나는 사람이 많았습니다. 그래서 『금강경』 첫머리에 수보리 장로가 부처님께 "어떻게 살아야 합니까?"라고 묻습니다. 부처님의 삶을 보면서 자신의 삶에 부처님의 길을 비추어 보는 것이 중요합니다.

● 스스로 삶을 지켜보지 않으면 어떻게 됩니까?
세밀히 지켜보는 통찰력이 없으면, 경험된 '나'만의 세계를 절대로 여기거나 '무슨 무슨 주의'에 빠지게 됩니다. 이때는 삶을 올바로

볼 수 없기 때문에 개인과 사회가 불만족스럽게 되는데, 이것이
중생 세계입니다.

◉ '고요한 상태'란 무엇입니까?
'고요한 상태'가 된다는 것은 소외된 '나'가 사라졌다는 말입니다.
제한된 '나'만의 세계가 사라지면서 고요함 속으로 들어가면, 지금까
지 육근六根을 통해서 느끼지 못했던 새로운 세계를 경험하게 됩니다.
고요함 속에서 새로운 세계를 경험하면서, '지금 우리가 보는 것은
현재의 조건에 의해서만 만들어진 세계'임을 이해하게 됩니다.

　우리는 지금 눈으로 보는 것을 절대 변하지 않는 것으로 생각합니
다. 그런데 조금만 마음을 바꾸면, 지금까지 보아 왔던 현상들이
달리 보이기 시작합니다. 마음 집중과 고요함에서 보면 눈뿐만 아니
라 '우리의 몸과 마음에서 일어나는 모든 앎'에서 예전과 다른 세계를
경험하게 되고, 지금까지 보았던 세계는 '사람이라는 한계에서만
그렇게 보임'을 확실히 알게 됩니다.

　이를 통해서 지금까지의 '나'의 견해에서 벗어나 유연해지기 시작
합니다. 지금까지 가지고 있던 '나'의 생각에서 벗어나게 되면서
세계가 새롭게 보이기 시작합니다. 삶에 유연성이 생겨서 확인된
'나'만이 아닌 다양한 세계를 보기 시작합니다. 그러면서 지금까지의
'분별과 선악 시비에서 벗어난 삶'이 '고요한 상태'입니다. 이러한
경험을 통해서, 육근에서 일어나는 모든 현상에 대해 탐심과 진심을
일으키지 않습니다. 아울러 삶에 대한 고정된 견해[邪見]에서 벗어나
연기하는 삶을 확실히 알게 되면서 치심이 일어나지 않는 상태가

'고요한 삶, 삼매의 삶'입니다. 무아를 꿰뚫어 알게 되면, 이로부터 백천 삼매가 계속되어 순간순간이 삼매요, 고요함입니다.

● 출가하지 않고도 깨달을 수 있는데, 왜 부처님께서는 출가의 모습을 보이셨습니까?

'나'만 아는 의意가 사라지게 되면 중생계, 곧 생각에 의해서 낱낱이 분별된 세계도 사라집니다. 그러나 부처님께서 출가의 모습으로 사신 것은, '함께 사는 아름다운 세계'를 이루기 위해 방편으로 보이신 것입니다. "'나'가 사라진 세계"를 표현하는 가장 알맞은 삶의 모습이 출가로 나타난 것입니다.

부처님께서는 '지금 여기 삶의 현장에서 깨달음을 나투는 분'입니다. 지난날의 삶을 비슷하게 이어받은 삶도 아니고, 현재 삶의 고정된 영상을 이어가는 삶도 아닌, '지금 여기에서 즉각 열린 삶'을 사는 것입니다. 따라서 같은 현재를 살더라도 '늘 새로운 현재를 사는 것'입니다. 조사어록祖師語錄에 나오는 "날마다 좋은 날[日日是好日]"이라는 말은, "날마다 날마다 참다운 깨달음 속에 있으십시오"라는 말입니다.

● 우리에게 깨달음은 너무 멀게 느껴집니다.

그렇지 않습니다. 깨달음은 아주 가까이 있습니다. 예를 들어 기분이 좋으면 상대방에 대하여 너그러워지는데, 이것은 그만큼 나의 삶이 넓어진 것으로서 깨달음에 대한 아주 작은 체험입니다. 그것을 깨달음이라고 생각하지 않고 깨달음이 멀리 있다고 여기는 것이 우리가 깨닫는 것을 막게 됩니다. 마음이 평온하여 가족이나 이웃을 싫어하거나 미워하지 않으면 중생의 마음이 깨달음의 마음으로 바뀐 것으로, 이 상태가 바로 '깨달음의 세계'입니다. 우리가 '깨달음'을 너무나 굉장한 것으로 여기는 것 자체가 깨달음으로 가는 데 큰 장애가 된다는 것을 확실히 알아야 합니다. '깨달음'이란 멀리 있어서 도저히 바라볼 수 없는 것이 아니라, '지금 여기 우리의 삶과 더불어 늘 같이' 있는 것입니다.

지금까지 우리는 공기와 '나'를 하나 된 삶으로 보지 않고, 공기는 공기대로 '나'는 '나'대로 따로 있다고 생각했습니다. 그런데 '공기와 나는 함께하는 삶'이라고 생각을 바꾸면 그만큼 삶이 깊고 넓어지는 깨달음을 체험한 것입니다. 또 돌은 무생물이므로 '나'의 삶과 아무 관계가 없다고 생각했는데, 어느 날 '돌과 나는 함께하는 삶'이라고 느낍니다. 이때가 '생물과 무생물이 함께 열리는 순간'으로, 이 또한 깨달음에 대한 체험입니다. 그러다가 어느 정도 힘을 얻게 되면, 한순간에 '전체가 열려 완전한 깨달음'으로 갑니다. 따라서 하나하나의 깨달음은 완전한 깨달음으로 가는 데 중요한 역할을 합니다. 하나하나의 깨달음이 어느 한계점에 오르게 되면, 한 순간에 세계가 열리게 됩니다.

따라서 완전한 깨달음에 이르기 위해서는 '마음을 하나하나 살피고 있는 순간'을 놓치지 말아야 합니다. 완성된 깨달음은 아닐지라도 "지금 '나'의 마음을 보고 있으면 깨달음과 늘 같이 사는 것"입니다. 지금 보고 듣고 이야기하는 가운데 깨달음과 함께하고 있습니다. '깨달음이란 이러할 것'이라는 상상 자체가 깨달음에 대한 장애인 분별인 줄 알아야 합니다. 바로 이 순간 공기, 돌 등에 대하여 마음을 열면, '나'도 없고 '너'도 없는 깨달음의 세계에서 살게 됩니다.

여기에서 잘 알아야 할 것은 생각에 의해서는 '나'만의 삶이 있는 것 같지만 사실 우리의 삶은 늘 서로를 받아들이는 가운데 살아가고 있다는 것입니다. 우리의 본 모습인 연기 실상에서 보고 듣는 일상에서 서로를 받아들이는 너그러움이 늘 일어나고 있기 때문입니다. 이러한 너그러움은 수행에 의해서 새로 생기는 것이 아니라 우리의 본래 모습입니다.

● 업은 무엇입니까?
업이란 '나와 나의 소유를 분별하는 마음'입니다. '나와 나의 소유'란 '나'에 대한 무지인 치심과 그것에 의해 일어나는 탐심과 진심을 말합니다. 같은 상황에서 어떤 사람은 쉽게 화를 내지만 다른 사람은 화를 내지 않습니다. 이것은 업의 경향성이 모두 다르기 때문에 어떤 이는 탐심이 어떤 이는 진심이 더 강하게 작용하는 것입니다. 중생들은 '나와 나의 소유' 속에서 언제나 불만족스럽게 살아가지만, 성인들은 '나와 나의 소유'가 전혀 없기 때문에 늘 고요한 삶 속에 있습니다.

● 『반야심경』에 많이 나오는 '무無'는 무슨 뜻입니까?
보통 우리는 '나와 너'는 완전히 다른 사람으로 '나'는 '너' 없이도 살 수 있다고 생각합니다. 이것은 우리의 몸에서 눈, 귀, 코, 입, 피부의 다섯 가지 감각 기관[오근]의 하나하나를 떼어 내도 작용을 할 수 있다고 생각하는 것과 같습니다. 저마다 눈, 귀, 코 등으로 부르지만, 오근 모두는 몸을 바탕으로 하여 이름을 갖게 됩니다. 마찬가지로 '나와 너'도 '연기의 하나 된 삶'을 바탕으로 하여 '나와 너'라는 이름을 갖게 됩니다.

『반야심경』에서 무無는 두 가지 뜻이 있습니다. 첫째, '몸이라는 바탕이 없이 눈은 있을 수 없다'는 것으로, 연기의 하나 된 삶을 떠나 '나'는 있을 수 없다는 것입니다. 둘째, 몸을 떠나 눈이 독립되어 있지 않기 때문에, 눈이 아프면 우리 몸 전체가 아픕니다. 이와 같이 무아가 되면 '너'의 아픔을 '나'의 아픔으로 그대로 느끼게 됩니다. 이러한 연기의 하나 된 삶에서 '나와 너'는 독립되어 있지 않습니다. 곧 독립되어 있는 존재는 없고 '하나 된 삶에서 함께하는 장만 있는 것'이 무無로서 있는 것입니다.

3. 색과 공이 하나 된 지혜의 삶

"사리자야, 색이 공과 다르지 않고
공이 색과 다르지 않으며, 색 그대로 공이며 공 그대로 색이다.
감각[受]과 생각의 일어남[想],
그리고 이것을 이어가는 작용[行]과
판단하여 결정하는 전체의 앎[識]도 또한 이와 같다.
사리자야, 모든 것의 빈 모습은 생겨나는 것도 아니고
없어지는 것도 아니며, 더러워지는 것도 아니고
깨끗해지는 것도 아니며, 늘어나는 것도 아니고
줄어드는 것도 아니다."
舍利子 色不異空 空不異色 色卽是空 空卽是色 受想行識 亦復
如是 舍利子 是諸法空相 不生不滅 不垢不淨 不增不減

부처님께서 "사리자야"라고 부르셨습니다. '사리자'는 부처님 제자
가운데 지혜가 제일 뛰어난 분입니다. 일상에서 지혜가 드러났을
때 우리 모두는 '사리자'가 되는 것입니다. 왜냐하면 『반야심경』에서
'사리자'라고 부르는 순간은 곧 '지혜'가 드러남을 뜻하기 때문입니다.
그러므로 '사리자'란 우리에게 있어서는 지혜이며 '열린 마음'이 됩니

다. 열린 마음은 '동시, 전체가 되는 것'으로 '반야바라밀'입니다. 한순간에 '나' 자신이 사라지면서 동시, 전체가 하나 된 삶으로 바뀌면, '사리자'인 지혜의 열린 마음이 드러나는 지혜의 완성[般若波羅密]이 됩니다. 이와 같이 반야바라밀은 어떤 한 사람의 성숙된 마음이 아닌 '동시에 열린 마음'이기 때문에 그 크기가 한이 없는 것입니다. 이와 같이 크기가 한이 없는 것을 '크다[마하, 大]'라고 합니다.

『반야심경』에서는 '즉각 마음을 열라'고 주문[呪文]합니다. 이를 『금강경』에서는 '곧 ～이 아니다[卽非]'라고 합니다. 대상을 보고 무엇이라고 판단하는 순간, 즉각 '나' 자신을 열기 때문에 그것이 한 마음속으로 들어가 버립니다. 이때 무엇이라고 판단하는 근거인 '나'가 사라지는 것을 '아니다[非]'라고 합니다. 『반야심경』에서 '즉각 동시, 전체가 되는 것'을 '사리자'라고 합니다. 부처님께서 '사리자'를 부르시는 순간, 우리는 '즉각 마음을 열어 동시에 전체가 되어야만' 합니다.

따라서 모든 것의 빈 모습[諸法空相]에서 모든 것이란 낱낱 하나의 법이 아니라, '즉각 마음을 열어 전체 속에 녹아 있는 것 가운데 하나'입니다. 낱낱 하나하나가 '공空' 또는 '유有'를 떠나 있습니다. '전체가 동시에 드러나 있는 것'을 빈 모습이라고 합니다. 곧 "이것이 있으므로 저것이 생겨나고 이것이 사라지므로 저것이 사라진다"는 말은, '함께하는 전체의 흐름'을 뜻하며 이것을 연기법이라고 합니다.

그러므로 연기법을 말할 때, "'이것이나 저것'을 중심으로 하는가, 아니면 '관계'를 중심으로 하는가"에 따라 설명하는 방식에 차이가 있게 됩니다. '이것과 저것'을 중심으로 하면 개체의 실체를 주장하는 유론有論이 되기 쉽습니다. 반면에 '관계'를 중심으로 하면 '이것과 저것'을 부정하는 무론無論이 되기 쉽습니다. 그런데 유론이나 무론이나 주어는 '분별된 실체'로, '분별된 실체가 있다[有]거나 또는 없다[無]'라고 합니다.

따라서 '이것과 저것'의 실체가 있다면 연기는 뜻은 사라지고 분별된 실체만 남게 됩니다. 또 '이것과 저것'의 실체가 없다고 하면 허무한 무無로 빠지기 쉽습니다. 유론이나 무론은 분별된 사유를 바탕으로 하기 때문입니다. 말에 의한 사유나 사유에 의한 언어화된 분별을 바탕으로 하는 것은, 유론이든 무론이든 연기 실상인 참된 삶과 떨어졌습니다. 『반야심경』에서 '지혜'란, 말에 해당하는 실체가 있다, 없다는 것이 아니라 '즉각 전체가 되는 것'입니다.

'사리자'를 부르는 순간 마음을 탁 열어서 즉각 전체가 되면, '낱낱 하나의 상이 전체 속에서 저마다의 모습을 드러내게' 됩니다. 이와 같이 동시에 전체가 된 가운데 드러나는 낱낱을 『반야심경』에서는 '빛나는 마음'이라고 합니다. 따라서 '공空'이란 동시·전체가 된 빛나는 마음'의 자기표현입니다. 그것을 언어·논리적 사고로써 '유·무'로 보았을 때 유는 결정적인 유론이 되고 무는 허무주의의 무론으로 빠지게 되는데, 이것은 '동시에 전체를 말하는 것'이 아니기 때문입니다.

이어서 "색이 공과 다르지 않고 공이 색과 다르지 않으며, 색 그대로 공이며 공 그대로 색이다. 수·상·행·식 하나하나와 공의 관계도 색과 공의 관계와 같다[色不異空 空不異色 色卽是空 空卽是色 受想行識 亦復如是]"는 대목이 나옵니다. 이 말은 "색은 이러이러

하니까 공과 다름이 없고, 공은 이러이러 하니까 색과 다름이 없다"는 말이 아닙니다. 이 말은 '즉각 자기를 비워라, 동시·전체인 반야바라밀이 되라'는 말입니다. 반야바라밀이 되면 '색과 공이 함께 전체가 되기 때문에' 만들어진 아我와 법法은 없어집니다.

우리의 일상은 공을 상대한 색이 있고, 색을 상대한 아我가 있고, 아를 상대한 법이 있습니다. 그러나 반야바라밀 수행을 해서 한순간에 동시·전체가 되면, 색도 공도 사라집니다. '색과 공이 같다'는 말이 아니라, '색도 공도 사라진 한세계'를 할 수 없이 말로 표현한 것이 "색이 공과 다르지 않고 공이 색과 다르지 않으며, 색 그대로 공이며 공 그대로 색이다"라는 말입니다. 『반야심경』의 주제는 '열린 마음으로 사는 것'입니다. 열린 마음이란 '색과 공, 공과 색이 하나가 된 지혜의 삶'입니다.

'색이 왜 공인가'에 대한 논리적인 말을 듣는다면, 이해의 폭은 넓어져도 우리의 삶을 실제로 바꾸지는 못합니다. 우리의 삶 자체를 바꾸려면 '색과 공이, 공과 색이 즉각 하나가 되어야만' 합니다. 색과 공, 공과 색이 즉각 하나가 되는 것을 마음이 열린 지혜로운 삶이라고 합니다. 그러기 위해서는 앉거나 서거나 보거나 들을 때, "마음 가운데 '나'를 바탕으로 한 행동이 일어나는가"를 명확히 지켜보아 '나'가 사라지도록 해야 합니다.

한 사람이 움직이면 동시에 모든 사람들도 그 기운을 받아 한 움직임 속에 들어 있습니다. 그러나 우리는 그러한 것을 보지 못하고 '앉아 있음, 서 있음'이라는 분별만 보게 됩니다. '나는 앉아 있고 상대방은 서 있고, 상대방은 서 있고 '나'는 앉아 있는 것만 알게 됩니다. 그러나 동시·전체가 되어 '나'가 사라지면, '나'가 앉는 순간에 그 기운과 더불어 상대방이 함께 움직이는 것을 알게 됩니다.

예를 들어 지구는 초속 30km라는 빠른 속도로 움직이지만, 우리는 지구의 움직임을 느끼지 못합니다. 그리고 마치 지구를 중심으로 우주가 움직이고 있는 것처럼 생각합니다. 그러나 지구 밖에서 관찰하면 지구가 자전하면서 공전하는 것을 볼 수 있습니다. 이때 비로소 지구가 우주의 움직임과 더불어 함께함을 알게 됩니다. 이와 같이 우리는 자아 중심의 생각을 비워야만 동시·전체의 삶을 볼 수 있습니다.

움직임 속에 움직임이 없는 것, '나'가 없어져 동시·전체가 되는 것, 이 가운데 색은 색대로 제 모습을 나타내는 것이 빈 모습의 세계입니다. '동시에 전체가 되어 하나 됨 속에서 저마다의 모습을 나타나는 것'입니다. 그러나 우리는 '나 들여다보기'를 하지 않았기 때문에 이러한 세계를 보지 못하고 '나 또는 너'의 모습만 보게 됩니다. '나' 들여다보기인 반야바라밀 수행을 해야만 하겠습니다.

4. 모든 법의 빈 모습

"모든 법의 빈 모습은 새로 생겨나는 것도 아니고
사라져 없어지는 것도 아니며, 더러워지는 것도 아니고
깨끗해지는 것도 아니며, 늘어나는 것도 아니고
줄어드는 것도 아니다"
諸法空相 不生不滅 不垢不淨 不增不減

A는 반드시 A의 특성을 가져야만 우리는 A를 알 수 있습니다. 이것이 '중생의 앎'이며, '분별하여 아는 마음'입니다. 곧 동시에 전체가 되지 못하는 우리는, 생겨남[生]이라는 말을 듣는 순간 바로 사라짐[滅]을 상대하여 분별하게 됩니다. 생과 멸이 동시에 전체가 되어 있지 않기 때문에 현상이 일어나는[生] 순간에는 사라짐[滅]을 상대하고, 현상이 사라지는 순간에는 일어남을 상대하게 됩니다. 이러한 생과 멸의 상대적 분별이 일어나는 것은 동시·전체의 참된 삶인 빈 모습을 보지 못하기 때문입니다.

그런데 빈 모습[空相]의 삶은 연기 실상인 동시·전체를 이루는 모습이므로, 새로 생겨나는 것도 아니며 사라져 없어지는 것도 아닙니다. 순간순간이 바로 동시·전체이므로, 생멸生滅·구정垢淨·

증감增減이 없는 빈 모습의 온전한 삶만 있을 뿐입니다. 온생명으로서 빈 모습은 늘 스스로 존재[自在]하는 모습이며, 이 가운데 일어나는 저마다의 모습은 곧 전체 생명을 드러내는 것입니다.

동시·전체가 빈 모습으로서 동시·전체이듯 낱낱의 법상法相도 역시 빈 모습으로서 낱낱입니다. 예를 들어 '책상'은 많은 인연에 의해서 드러난 모습으로, 인연이 다하면 '책상'의 모습도 사라집니다. 곧 '책상'이라는 말에 해당되는 실체는 존재하지 않으며, 이는 잠시 인연으로 만나 이루어진 가법假法입니다. 그러므로 생겨나고 없어지는 따위의 주체로 존재하지 않는 빈 모습 그 자체는 생겨난다거나 없어진다고 할 수가 없습니다.

이와 같이 빈 모습의 인연에 따라 일어나고 사라지는 것은 있지만, 그것은 임시적인 가법의 생멸인연상生滅因緣相일 뿐입니다. 모든 법들의 이름에 따른 실체는 어느 곳에도 존재하지 않기 때문에, 그 존재의 생멸·구정·증감 또한 있을 수 없습니다.

동시·전체의 연기로서 빈 모습은 스스로 존재하지만, 저마다 법의 실체는 존재하지 않는 것이 공空입니다. 그러므로 한 생각이 일어날 때마다 빈 모습으로 관하게 되면, 탐심이나 진심으로 집착하는 마음이 일어나지 않아 번뇌가 사라집니다. 나아가 모든 법의 생멸인연상에 투철하게 되어 치심이 사라지면서 삼독심도 사라져 지혜가 완성됩니다.

『금강경』에 보면 부처님께서 옷을 단정히 하고 묵묵히 걸으시면서 차례로 탁발하러 가시는 장면이 나옵니다. 그때 부처님께서 침묵하시는 이유는 '말이란 분별된 실체인 생과 멸 등이 표현된 것'이기 때문입니다. 발우를 들고 갈 곳을 정한 다음에 말없이 다녀오십니다. 부처님께서 걷고 계실 때는 걸음과 우주가 하나가 되어 함께 흘러가고 있습니다. 돌아오셔서는 자리를 펴고 앉아 침묵으로 전체를 보이십니다. 걸으실 때에는 걸으시는 대로, 앉아 계실 때에는 앉아 계신 대로 동시·전체가 되어 있습니다.

그러나 침묵만으로는 모든 이들이 잘 이해하지 못하므로 방편으로 말씀을 하시면서 "잘 들어라"라고 하십니다. 왜냐하면 자칫 잘못 들으면 '말이 가진 분별된 실체' 속으로 빠져 버리기 때문입니다. 마음을 열어 공空으로 듣지 않으면 우리는 있음[有]이나 없음[無] 속으로 빠지게 되어 있습니다. 중생 업의 구속은 바로 있음과 없음 등 분별을 통해서 이루어져 있기 때문입니다. '나'의 마음 가운데 일어남을 주시하지 않는 순간에 바로 있음이나 없음 등의 상대적 견해로 떨어지게 됩니다. 수보리 장로와 같이 보살행을 닦고 있는 사람에게도, "너 잘 들어라"라고 합니다. '잘 듣는다'는 것은 모든 법의 빈 모습으로, 듣는 사람과 말하는 사람과 말하는 내용 등의 분별이 사라진 것입니다. 따라서 '모든 법의 낱낱이 공'이란 말은 동시·전체 속에서 '열린 마음의 모든 법'이라는 뜻입니다. 공이란 색色에 상대한 것이나 긍정에 상대한 부정이 아니라 '밝게 빛나면서 함께하는 아름다운 삶'입니다.

옛날 어떤 이가 선사께 "마음이 괴롭습니다. 편안하게 해 주십시오"라고 말하자, 선사께서는 "괴로운 마음을 가져오라"고 했습니다. 그래서 괴로운 마음을 찾아보았으나 찾을 수 없었습니다. 괴로운 마음이 없는 것을 확실히 알고 나니 그 자리에서 바로 편안하게 됐습니다. 우리 중생은 너무 많은 마음을 가지고 있어서 "놓아라[放下著]"라고 합니다. 『반야심경』에서는 이 마음들을 놓고 '즉각 동시·전체로 살아라'라고 이야기합니다.

부처님 말씀을 듣고 부처님 가르침대로 행하게 되면, 누구라도 동시에 열린 우리의 본래 모습으로 살기 때문에 대승·소승이라는 말 자체가 있을 수 없습니다. 이 때문에 삶의 실체가 있다[有]거나 없다[無]고 말하는 것은 모두 잘못된 견해입니다. '동시·전체'라는 말은 하고 있지만 여기에는 말이 미치지 못하기에 어떤 말이든지 그곳을 바르게 가리킬 수는 없습니다.

실제 삶이 동시·전체로 되기는 쉽지 않습니다. 그러나 '지켜보기'를 지속하여 '하나 됨' 속으로 들어가면, 분별로부터 벗어나 열린 마음으로 살게 됩니다. 그런데 수행하다 보면 뛰어난 경지를 많이 경험하게 되는데, 여기에 집착하면 또 다른 구속이 되면서 수행이 되지 않습니다. 일상의 삶에서나 수행과정에서 보았던 모양과 색깔은 사람마다의 한계 속에서만 그렇게 보인다는 것을 '지켜보기'를 통해서 분명히 알아차려야 됩니다.

예를 들어 영화 필름을 적당한 속도로 돌리면 화면이 계속 움직이는 것처럼 보이지만, 필름의 하나하나는 움직이는 것이 아닌 것과 같습니다. 곧 일상에서는 지금처럼 대상을 보지만, 수행하면서 마음의 조건이 바뀌면 대상을 지금과 다르게 볼 수 있습니다. 그렇다면 평상시에 보는 것이 사실입니까? 아니면 선정, 곧 마음을 고요히 해서 다른 것에 흔들리지 않고 분명하고 또렷한 의식 속에서 보는 것이 사실입니까? 두 가지 모두 조건에 따라서 그렇게 볼 뿐입니다.

듣는 것도 마찬가지입니다. 선정을 통해서 지금까지 보고 듣던 모든 한계를 벗어나, '나'가 사라져야 동시·전체가 열리며, 모든 것의 빈 모습이 그 자리, 곧 모든 것에서 드러나게 됩니다.

지금까지 보았던 고정된 네모, 세모, 동그라미의 모양[色]이 없어지고, '나와 더불어 함께하는 흐름 속의 어떤 모습'으로 보는 것이 공空입니다. 색·수·상·행·식도 마찬가지로 모두 제약된 유위법 속의 색·수·상·행·식이었으나, 열린 마음인 지혜가 완성[반야바라밀]되어 즉각 모든 것을 놓은 상태에서는, 제약된 색·수·상·행·식이 사라지므로 지금까지 가지고 있던 색·수·상·행·식에서 자유로워집니다.

5. 무無로 분별이 녹아야 합니다

"이런 까닭에 공 가운데에는 오온도 없으며
십이처도 없으며 십팔계도 없으며 십이연기도 없으며
십이연기가 다함도 없으며 사제도 없으며
지혜도 없으며 얻을 것도 없다."
是故 空中無色 無受想行識 無眼耳鼻舌身意 無色聲香味觸法
無眼界 乃至無意識界 無無明 亦無無明盡 乃至無老死 亦無老
死盡 無苦集滅道 無智亦無得

부처님께서는 『아함경』에서 오온·십이처·십팔계·사제를 계속 말씀
하십니다. 이것은 우리가 "어떻게 살아야 할 것인가"에 따른 방편이
라고 했습니다. 오온·십이처·십팔계는 유위법에 얽매인 중생이 부처
님의 세계로 나아가는 과정에서 나타나는 법입니다. 그래서 부처님
의 법을 뗏목[방편]이라고 하는데, 그 방편 속에 빠져 버리면 도리어
우리 자신을 잃게 됩니다.

스님 가운데 다음과 같은 인연으로 깨달은 분이 있습니다. 그
분은 『반야심경』에서 눈, 코, 귀 등은 없다고 한 것에 대하여 "손으로
만지면 분명히 눈 등이 있는데, 왜 부처님께서는 없다고 하셨을까?"

하고 의심했습니다. '왜 없다고 했을까'를 늘 생각하다 보니 이것이 마음에 맺혔습니다. 이 의심이 계속되면서 분별 망상이 전부 사라져, 모든 것이 무無 하나 속으로 들어오기 시작했습니다. 그러다가 어느 순간 무를 넘어서 깨닫게 됐습니다. 하나의 의심이 마음의 모든 분별을 녹이고 그 의심마저 사라지면서 깨닫게 된 것입니다. 이것이 『반야심경』에서 말하는 무無의 한 효용입니다. 단순한 논리적 이해가 아니라 공空으로 무로 분별이 녹아나야만 합니다. 이제는 눈[眼]이 없을 뿐만 아니라 '무가 눈이 되는 것'입니다.

한마음[一心]이란 말이 있습니다. '전후 찰나에 한 가지 마음으로 계속 된다'는 뜻의 한마음이 아니라, '한마음 속에 전체를 담고 있는 한마음, 곧 일체심一切心'이라는 뜻입니다. 한마음을 십이인연으로 말하면, 무명부터 노사까지 차례로 하나씩 일어나기보다는, '무명이 있는 순간 노사까지 전체를 동시에 담고 있다'는 말입니다. 그러나 전체로 보면 일심이지만 순간순간 색깔이 다릅니다. 예를 들어 무명의 경우 다른 열한 가지보다 무명의 색이 가장 강하게 나타납니다.

무명無明이란 불쑥불쑥 일어난 '나'의 자기표현입니다. 무명의 자기표현을 통해서 '나'를 보고, '나'를 통해서 무명을 보는 것입니다. 따라서 '나'가 일어난 순간에 무명부터 노사까지 십이인연이 동시에 같이 있게 됩니다. 곧 분별과 소분별로 이루어진 중생의 삶은, 십이인연의 찰나마다 자신의 전부를 생성과 소멸로 나타내고 있습니다. 무명이란 분별과 소분별 자체를 말하며, 행行이란 분별과 소분별의 상속을 말합니다. 분별과 분별의 상속은 앎[識]으로써 자신의 색깔을 나타냅니다.

여기에서 알 수 있듯이, 순간순간 나타나는 우리의 모습[앎]은 분별과 분별의 상속을 떠나서는 있을 수 없습니다. 또 분별이란 마음과 몸[名色], 육근과 육경[六入], '나와 너'로 나뉘어 나타납니다. 곧 '드러난 세계는 무명인 분별과 그 상속과의 관계 속에서 나타난 앎'입니다. 찰나마다 분별의 장은 무명·행·식·명색·육입의 다섯 인연이 바탕이 됩니다.

이 바탕에 따라 마음의 작용인 촉·수·애·취·유가 있게 됩니다. 촉觸이란 분별의 장에서 능분별과 소분별이 항상 관계를 맺게 하는 마음 작용이며, 이 맺음에서는 서로를 타자라고 분별하여 받아들이는 마음 작용이 수受입니다. 그러면서 능분별인 '나'를 굳건히 지켜가려는 마음 작용인 애愛와, 애에 의해서 고정된 '나'를 소분별인 '너'와 상대하여 취取하는 마음이 굳어가면서 유有가 있게 됩니다. 위에서 말한 10가지 인연은 상속인 행의 뜻에서 알 수 있듯이, 끊임없이 생성[生]과 소멸[老死]을 반복하고 있습니다.

십이연기를 다시 요약하면, 분별의 장[心王]인 무명·행·식·명색·육입의 다섯 가지 인연과, 여기서 일어나는 마음 작용[心所]인 촉·수·애·취·유의 다섯 가지 활동이 늘 상응하면서 생성[生]과 소멸[老死]을 되풀이하는 것입니다. 이들은 하나하나 차례로 일어나는 것이 아니라, 저마다 하나 속에 나머지 열한 가지를 다 담고 있습니다. 하나속에 나머지 열한 가지를 다 담고 있지만 가장 강한 특성에 따라서 무명 혹은 노사라고 부르는 것입니다.

이 가운데 명색은 오온, 육입은 십이처, 앎[識]으로 일어나는 장면의 색깔은 십팔계, 분별의 장은 심왕, 마음의 작용은 심소라고 할 수 있습니다. 하나 속에 나머지를 다 담고 있지만 가장 강한 특성에 따라서 무명 혹은 노사라고 부르는 것입니다. 이상에서 알 수 있듯이 십이인연 하나하나는 무명인 분별의 다른 표현이기 때문에, '함께 사는 아름다움'에서는 설 자리가 없습니다.

6. 연기법에서 식은

그러면 오온의 식識, 십이연기의 식, 유식의 식은 어떤 차이가 있을까요? '연기'란 '상호 의존성'을 말하며, 시간과 공간으로 나타나는 전체적인 삶의 과정이 한생명과 같은 연관성을 갖는 것을 뜻합니다. 보통 연기를 '이것이 있으면 저것이 있고, 이것이 생겨나면 저것이 생겨난다'는 말로 표현합니다. '이것이 있으므로 저것이 있다'는 것은 '공간적 의존관계'로서 '동시·전체의 삶'을 더 강조한 것입니다. 그리고 '이것이 생겨나면 저것이 생겨난다'는 것은 '시간적 흐름'인 '무상無常한 삶'을 더 강조한 것입니다.

오온이나 십이연기는 이 두 가지 의미를 동시에 갖지만, 오온은 '공간적 의존관계'가, 십이연기는 '시간적 의존관계'가 더 강조된 것입니다. 오온, 곧 색·수·상·행·식은 우리의 삶을 이루는 기본 요소입니다. 이때 색이 있으므로 수·상·행·식 등이 있고, 수·상·행·식 등이 있기 때문에 색이 있다고 할 수 있습니다. 물론 "이것이 없으므로 저것이 없다"는 관계도 동시에 성립됩니다.

이 오온 가운데 어느 하나도 주체적인 요소가 될 수 없으며, 오온의 하나하나는 서로간의 관계에서만 존재할 수 있습니다. 그러므로 오온은 어디에서 생기거나 어디로 사라져 없어지는 것이 아닙니다.

이것은 '빈 모습이 낱낱의 모습'으로 드러난 것입니다. 이 때문에 오온의 이면에 있는 실체로서 '나'라는 것은 있을 수 없습니다. 이러한 빈 모습의 관계에서만 우리의 삶이 있기 때문에, 실체로서 실재하는 '나'를 부정하는 것이 오온무아五蘊無我입니다.

이러한 오온이 빈 모습임에도 불구하고, 우리는 살아가면서 늘 '나'를 강하게 내세우게 됩니다. 이것이 무명無明으로, 오온 하나하나에 무명이 작용하면서 '나'와 오온이 참으로 존재한다고 여기게 됩니다. 그러면서 본래 빈 모습인 오온이 오히려 '나'를 나타내는 표현이 됩니다. 몸을 '나'라고 하고[色], 느낌을 소유하고[受], 생각을 만들며[想], 이것들을 연속시켜 가려고 하며[行], 순간순간의 삶을 '나'의 색으로 결정하여 압니다[識]. 이와 같이 우리 삶의 근원적 실체로 여기는 '나'는 단지 사유에 의해서 세워진 것입니다. 모든 현상은 연기의 상호 의존관계에서만 잠시 나타나기 때문에 '나'의 색을 결정하여 아는 삶은 꿈같은 것임을 알아야 합니다.

십이연기를 말하면서 '시간적 의존관계'보다는 '공간적 의존관계'를 강조해서 전체적인 흐름을 말했습니다. 마치 공간의 전체를 분할할 수 없는 것과 같이 동시·전체의 흐름인 십이지의 하나하나도 따로 떼어낼 수 없습니다. 따라서 십이지 하나하나는 동시·동공간의 순간적인 상속입니다. 그러므로 한 세계가 청정하면 수많은 세계도 청정하며, 한번 무명이 일어나면 전체가 분별로서 존재하게 됩니다.

'시공의 전체 모습의 변화가 앎[識]으로 나타나기 때문에' 이 앎에 의해서 시공이 제한됩니다. 이것은 '분별력인 무명이 앎으로 일어나는 동시에 시공을 제한'하기 때문입니다. 오온의 식이 공간 관계를 강조하는 데 반해, 이 십이지의 식은 연기의 '시간관계'를 더 강조합니다. 이 때문에 십이지의 식에 다른 십일지를 담고 있다고는 하나 전후 찰나 십이지 변화에 더 초점을 둔 식이라고 봐야 합니다.

유식에서 식은 '이러한 의존관계가 앎을 통해서 나타난다'는 뜻입니다. '만남, 곧 관계가 앎'이라는 뜻입니다. 넓은 의미로 본다면 오온이나 십이연기 전체가 식이라는 말 속에 포함될 수 있습니다. 유식에서 이 식을 다시 백 가지[五位百法]로 나누었는데, 이는 오온·십이연기가 백 가지로 나뉘어졌다고도 볼 수 있습니다. 이때 백 가지란 오온과 마찬가지로 '공간적 의존관계'가 강조된 분류이지만, 이들의 무상성無常性은 이미 전제된 것입니다. 이 모든 것의 실체는 유위법이든 무위법이든 있는 것이 아니기 때문입니다. 이때 무명이 사라진 '빈 모습인 온생명의 모습'을 알아차려야만 무상성이 드러나게 됩니다. 삶이 이루어지는 지금 여기에서 즉각 눈뜸이 언제나 이루어질 수 있는 것은, 전체 관계의 장인 제8식의 앎이 삶의 바탕이기 때문입니다.

우리는 삶을 이루는 이러한 모습들을 때로는 오온으로, 때로는 십이연기로, 때로는 유식으로 설명합니다. 오온의 식은 십이연기의 무명·행·식·명색·육입의 과정을 다 포함하고 있습니다. 오온 가운데 수·상·행은 십이연기에서의 촉·수·애·취·유에 해당합니다. 오온 가운데 행은 탐심이나 진심 등으로 분별된 하나하나의 심리 상태를 연속시켜서 '자기의 존재 의지를 상속하는 것'입니다. 오온 가운데 색은 오근과 육경을 다 포함합니다. 그리고 십이연기 가운데 행行은 '무명부터 육입까지 벌어지는 분별의 장면', 곧 무명의 분별 자체를 연속시킵니다.

유식에서는 육근의 기능을 중심으로 나누면 육식六識이 됩니다. 눈의 기능을 중심으로, 귀의 기능을 중심으로, 마음의 기능 등을 중심으로 나누면 안식·이식·비식·설식·신식·의식의 여섯 가지 식이 됩니다. 육식의 바탕은 십이연기에서 말하는 '유有와 무명의 근원적인 자아 분별력'입니다. 근원적인 자아 분별력을 특별히 떼어내 의意, 곧 제7식이라고 합니다. 유식의 식은 우리의 삶 속에서, 나아가 우주 속에서 같이 일어납니다. '우리의 삶과 우주는 앎이라는 현상 속에서 서로 관계를 맺고' 있습니다.

마치 지구와 달이 중력으로 서로 영향을 주고받는 것처럼, 온 우주는 '앎識'이라는 관계 속에서 서로 영향을 주고받고 있습니다. 이러한 우주의 전체적인 영향력을 제8식이라고 합니다. 온 우주가 함께 앎의 관계 속에서 살아가는데, 우리는 그 가운데 아주 좁은 부분인 '나'밖에 모릅니다. '자아 중심의 분별'인 표층의식은 오로지 '나'만 알기 때문에 끊임없이 '나'를 중심으로 한 생각만 일어나게 됩니다. 그러므로 우리에게 '나'라는 생각만 사라지면, 동시·전체가 '앎이라는 한 장면 속에 놓여 있음'을 알게 됩니다.

'온 우주가 하나 된 앎의 장면 속에 놓여 있는 것'이 제8식입니다. 그런데 우리는 자아 중심의 분별인 표층의식밖에 경험하지 못하기 때문에, '온 우주가 늘 함께 열려 있음'을 알지 못합니다. 일반적으로 자기밖에 모르는 표층의식과, 이 힘이 잠재된 의식으로 나누어 제8식을 단지 잠재의식이라고 생각하는데 그렇지 않습니다. 온 우주가 열려 있는 가운데 끊임없이 서로 영향력을 주고받는 것이 제8식입니다. 그런데 우리가 이것을 알지 못하는 것은 우리의 표층의식이 우주의 하나 된 앎의 장을 늘 '나'로 국한시키기 때문입니다.

따라서 유식에서 식이란 육근의 기능을 중심으로 나누는 앎인 제6식과 의意의 자아 분별인 제7식과 제8식인 삼천대천세계의 연기 관계를 말합니다.

7. 늙고 죽음이 다함도 없습니다

사제를 보면 고苦는 결과이고 집集은 원인, 멸滅은 결과이고 도道는 원인입니다. 여기서 원인을 먼저 말하지 않고 결과를 먼저 말하는 것은, 우리가 피부로 느끼는 것은 원인인 집보다는 고가 먼저이기 때문이며, 수행[道]보다는 안온함[滅]의 느낌이 직접적이기 때문입니다. 그러기 때문에 사제를 고·집·멸·도로 이야기합니다.

그러면 집착[集]은 무엇입니까? 모든 고苦의 원인인 집착은 무명無明입니다. 무명의 자기표현인 '나'라는 의식을 통해서 중생의 모든 고가 일어나게 됩니다. 한 생각이 일어나는 순간 무명이 늘 '나'를 동반하여 삶 전체의 흐름을 주도합니다. 이 때문에 십이연기의 제일 첫머리에 무명이 있습니다. 집集이란 무명의 자기표현인 '나를 중심으로 일어나고 있는 삶'을 말합니다.

모든 법은 조건 속에서 제 모습을 나투고 있기 때문에, 조건이 바뀌면 모습이 바뀌게 됩니다. 그런데 조건이 바뀌어도 제 모습만 고집하게 된다면, 그 모습은 허상일 수밖에 없습니다. 모양[相]과 모양 아님[非相]이 함께 어울린 우리의 삶에서, 모양 아님을 보지 못하고 오로지 제 모양[相]만 지키려는 것은 근본 모순입니다.

이러한 근본 모순[無明]으로 제 모양을 끝까지 지킬 수 없게 된 결과 불만족이 오게 됩니다. 이 근본 모순을 '나'로 삼는 것이 중생의 삶입니다. 이 때문에 사고팔고四苦八苦의 괴로움[苦苦]과 죽음에 대한 공포[壞苦], 그리고 관계 속의 변화에서 제 모양을 끝까지 지키려고 하는 근본 모순에서 오는 불만족[行苦]이 계속되고 있습니다.

무명은 '나'를 통해서 자기를 표현합니다. '나'를 세우는 순간 상대적으로 '내'가 아닌 것이 있게 되는데 이를 '법'이라고 합니다. 그리하여 먼저 '나'와 '나 아닌 것'으로 나누고, 나아가 '나와 내가 가진 것', '너와 네가 가진 것'으로 나눕니다. '나'를 내세우는 것이 분별입니다. 집集이란 '나'를 중심으로 해서 나누어진 '무명의 자기표현'입니다. '나'를 중심으로 하는 삶이란 늘 무명의 자기표현일 수밖에 없기 때문에, 이것을 따라가다 보면 진실한 삶을 잃고 소외된 삶인 고가 일어날 수밖에 없습니다.

자아의식에 의한 분별을 따라가지 않고 한 생각이 일어나고 사라지는 것을 그냥 들여다보기 시작하면, 올바른 삶의 길[道]로 나아가게 됩니다. '들여다보기, 지켜보기'로 행을 닦으면, 무명의 '나'는 사라지고 '함께 사는 아름다운 세계'가 펼쳐집니다. 곧 행온行蘊의 내용이 달라지면서 업이 사라지게 됩니다. 분명한 '지켜봄의 힘'이 살아 있으면 행이 바뀌면서 저절로 반야바라밀 수행을 하게 됩니다. 그러므로 반야바라밀을 관이라고 부릅니다. 지금 여기의 삶은 '들여다보기'만 하면 저절로 동시·전체로 가게 되므로, '나'를 통해서 분별하는 무명의 세계는 사라지게 됩니다. 이것이 지금 여기에서 일어나고 있는 연기 실상의 평온한 삶입니다.

그러므로 떠오르는 생각을 없애려고 하지 말고 그냥 보고만 있으면, 저절로 평온한 마음으로 가게 됩니다. '멸한다'는 말은, '나와 너'로서 존재하는 세계는 사라지고 '나와 너가 함께 사는 아름다운 세계'가 드러나는 것을 말합니다. '함께 사는 아름다움'으로 되면서 '나와 너'가 없어지는 것을 멸이라고 합니다. 멸도滅道라고 하여 도道라는 원인에 의하여 멸이란 결과가 생기는 것 같지만 그렇지 않습니다. 멸의 상태란 도라는 원인에 의하여 생긴 것이 아니라, 잘못된 견해가 사라지면서 드러나는 '스스로 있는 연기 실상이며 공空의 세계'이기 때문입니다.

멸은 '아무 것도 없다'는 부정을 통해서 '밝게 빛나는 마음'을 나타냅니다. 왜냐하면 모든 말은 자기 한계를 갖고 있어서 '함께 사는 아름다운 세계'라는 말을 세우면, 곧바로 그와 상대된 '함께 사는 아름다움이 아닌 세계'를 세우기 때문입니다. 이것이 상대적으로 분별된 말의 한계입니다. 그러므로 부처님께서는 열반을 '무엇무엇이 아닌 것'으로 말씀하셨습니다.

'함께 사는 아름다운 세계'란 '나와 너'의 분별이 사라져 '나도 없고 너도 없는 것'을 뜻합니다. 이것은 말로 나타낼 수 없는 것을 말을 빌려서 이야기하는 것입니다. 만일 '함께 사는 아름다운 세계'가 따로 있다고 여긴다면, 이것은 우리를 '함께 사는 아름다움'으로 살게 하는 것이 아니라 오히려 무명의 자기표현인 분별 속에 갇히게 합니다.

그러므로 '침묵으로 말하고 침묵으로 들어야' 합니다. 부처님께서는 "침묵을 지키거나, 법을 말하라"라고 하셨습니다. 가장 잘 표현된 부처님의 법이 침묵일 수도 있습니다. 『금강경』의 첫머리를 보면 부처님께서 묵묵히 척 앉아 부처님의 삶을 그대로 드러내 보이고 있는 것과 같은 것입니다. 그러나 대중들은 이것을 이해하지 못합니다. 이러한 대중들을 위해서 열린 전체의 맛을 본, 공을 제일 잘 이해한[解空第一] 수보리 장로가 부처님께 여쭈었습니다. "열린 전체의 삶인 위없는 바른 깨달음에 마음을 낸 선남자·선여인은 어떻게 생각하고, 어떻게 살아야 합니까?"라고 묻는 장면이 그것입니다. 수보리 장로가 묻기 이전의 침묵으로 나툰 부처님의 세계가 분별이 사라진 빈 모습의 삶을 나타낸 것입니다.

모든 법의 빈 모습에는 오온·십이처·십팔계·십이인연·사제가 빈 모습 속에 녹아나 있습니다. 이는 '함께 사는 아름다운 세계'라는 말로, 동시·전체가 되었을 때[空相]를 기준으로 삼은 것입니다. 그러나 동시에 전체가 되지 못하는 보통 사람들은 오온·십이처·십팔계·십이연기·사제로 삶을 이해하기 때문에 『아함경』에서는 팔정도·오온·십이처·십팔계·십이연기·사제를 되풀이하여 말합니다.

그러나 부처님께서는 "나의 법에 빠져서도 안 된다"고 말씀하십니다. 참된 빈 모습의 삶은 법 아닌 것뿐만 아니라 부처님 법도 떠나 있기 때문입니다. 공상이라고 말하지만 공상은 스스로 결정된 모습이 없는 모습을 "할 수 없이 공상空相이라고 말하는 것임을 잘 알아야 한다"고 하십니다. 따라서 공상에 사는 사람은 '늙고 죽음이 다함이 없다'고도 생각하지 않습니다[亦無老死盡]. 또 '오온이 다했다, 십이처가 다했다, 십팔계가 다했다'고도 생각하지 않습니다. 왜냐하면 다할 실체가 없기 때문입니다.

'함께 산다'는 말은 '나'가 사라지는 것이 아니라, "함께 사는 속에서

'나' 스스로 아름다움으로 드러나는 것"입니다. '나'가 있는 것도 아니고, '나'가 없는 것도 아니고, 이 둘이 다한 것도 아니고, 생사와 열반이 따로 있는 것도 아닐 때, 비로소 빈 모습의 세계에 노니는 것입니다. 그래서 "걸을 때는 걷기만 해라, 차를 마실 때는 차만 마셔라"라고 합니다. 왜냐하면 차를 마시는 순간 동시·전체가 열려 있어서 차를 통해서 동시·전체로 살기 때문입니다. 마음이 열리기 전에는 '나'를 통해서 무명이 있었는데, 빈 모습에는 '사는 모습 그대로'를 통해서 '동시·전체의 열린 삶'을 살게 됩니다.

근원적인 전환을 통하여 삶의 내용이 한 순간에 바뀝니다. 이제는 늙고 죽음이 생사윤회 속의 늙음과 죽음이 아니라, 늙음 속에 '나'가 완전히 같이 있고 죽음 속에 '나'가 완전히 같이 있게 됩니다. 이때 비로소 완전한 삶이 드러납니다. 이와 같은 삶에서의 늙음과 죽음이 란 젊음과 상대된 늙음이거나 삶과 상대된 죽음이 아닙니다. 어느 순간에도 삶의 흐름 속에 전체적으로 같이 있습니다. 동시·전체적인 흐름 속에서 드러난 적극적인 자기표현이 '늙고 죽음이 다함조차도 없다[無老死盡]'는 말입니다. 이 말은 생사를 벗어난 대자유를 나타내 는 것으로 삶에서 가장 아름다운 자기표현을 뜻합니다.

지혜도 없고 얻음도 없는 것[無智亦無得]이 마음을 비운 삶입니다. 지혜란 '열린 마음'을 말하며, 이러한 하나 된 삶 속에는 아는 자와 아는 대상으로 나누어진 분별이 사라집니다. '열린 마음만으로 있기 때문에' 무엇이라고 이름 붙일 수가 없습니다. 그래서 지혜[智]도, 얻음[得]도, 공空도 이 삶을 나타낼 수 없어서, 마지못해 '열린 삶'이라 고 하는 것입니다.

8. 모든 법에는 얻을 실체가 없습니다

"왜냐하면 모든 법의 하나하나는
아무것도 얻을 것이 없기 때문이다."
以無所得故

이 대목은 위의 '이런 까닭에 공 가운데에는[是故空中]'부터 '지혜도
없고 얻을 것도 없다[無智亦無得]'까지를 뒷받침하는 이유이면서 다음
대목의 보살과 부처님께서 반야바라밀에 의지하는 이유이기도 합니
다. 따라서 이 대목은 위로 붙여서 읽을 수도 있고 아래로 내려서
읽을 수도 있습니다.

"여러 보살님들은 반야바라밀을 의지하였기 때문에
마음에 걸릴 것이 없으며,
걸릴 것이 없는 빈 마음이기 때문에 두려움이 없다.
빈 마음에 투철하여 잘못된 집착에서 벗어나
마침내 완전한 깨달음으로 사는 것이다."
菩提薩埵 依般若波羅蜜多故 心無罣碍 無罣碍故 無有恐怖
遠離顚倒夢想 究竟涅槃

얻음도 얻을 것도 없는 열린 전체를 사는 분이 보살이기 때문에, 마음에 걸릴 것 없이[心無罣碍] 생사를 떠나 삽니다. 우리에게 가장 큰 두려움은 죽음이지만, 보살은 이미 생사를 떠났으므로 어떠한 두려움도 있을 수 없습니다[無有恐怖]. '나'에 의해서 세워진 잘못된 허망한 삶을 벗어나[遠離顚倒夢想] 마음 깊숙이 있는 모든 분별 종자가 다 사라져 온삶으로 하나가 됩니다[究竟涅槃].

"삼세의 모든 부처님께서도 반야바라밀을 의지하여
'위없는 바른 깨달음'을 얻으셨다."
三世諸佛 依般若波羅蜜多故 得阿耨多羅三藐三菩提

부처님은 '깨어 있음'을 상징합니다. 『반야심경』에서 깨어 있음은 '즉각 함께 열려 있는 것'입니다. 반야바라밀에 의지해서 부처님이 되는 것이 아니라, 즉각 열린 반야바라밀 자체가 부처님입니다. 그러므로 '반야바라밀에 의지한다'는 말은 '반야바라밀이 그대로 부처님'이기 때문에, '반야바라밀에 의지해서 부처님이 된다'는 말이 아닙니다. '부처님은 반야바라밀로 자기표현을 할 뿐'입니다.

이러한 반야바라밀은 '위없는 바른 깨달음'이라고 했습니다. 삶이 함께 열려 있을 때입니다. 즉각 마음을 놓으면 보는 순간 동시·전체로 보고, 듣는 순간 동시·전체로 듣고, 앉는 순간 동시·전체로 앉습니다. 그 가운데 분별된 '나'는 있을 수 없습니다.

이런 까닭에 반야바라밀은

크나큰 신통·크나큰 밝음·위없음·한어울림의 삶이며,

모든 괴로움 다 사라지게 하는 진실되고 헛되지 않은

주문임을 알아야 한다.

이에 반야바라밀다주를 바로 설한다.

"가자, 가자, 깨달음의 열린 삶으로,

함께 사는 아름다움으로. 아! 찬연한 빈 삶이여!"

故知般若波羅蜜多 是大神呪 是大明呪 是無上呪 是無等等呪

能除一切苦 眞實不虛 故說 般若波羅蜜多呪 卽說呪曰

揭諦 揭諦 波羅揭諦 波羅僧揭諦 菩提 娑婆訶

모두들 반야바라밀의 주문으로 위없는 바른 깨달음으로 사시기를
바라면서 『반야심경』 이야기를 마칩니다.

◉ 오온에서 식, 십이연기에서 식, 유식에서 식은 서로 차이가 있습니까?

오온, 십이연기, 유식은 우리 삶을 나타내는 많은 말 가운데 하나입니다. 곧 '오온이 삶이다, 십이연기가 삶이다, 유식이 삶이다'라는 뜻입니다. 삶에는 유식에서 법계등류로 표현하는 무분별의 하나 된 삶과 중생의 분별된 삶이 함께 있습니다. 이 가운데 여러 가지 표현은 주로 중생의 분별된 삶에 대해서 말하고 있습니다. 오온에서 식은 분별의 장을 뜻하며, 수, 상, 행은 거기에서 일어나는 마음 작용입니다. 십이연기에서 식도 마찬가지입니다. 무명, 행, 식, 명색, 육입 등으로 나눈 것도 실은 분별의 장에서 저마다 다른 모습입니다. 무명은 분별, 행은 분별의 상속입니다. 분별이란 마음과 몸, 육근과 육경 등으로 나누면서, 그것들이 관계하는 가운데에서만 그것으로 있을 수 있는 것을 알지 못하고, 그것 자체만으로 존재하거나 존재하지 않는다고 아는 것입니다. 이러한 분별도 앎이라는 장면에 함께 흐르고 있습니다. 이에 따라 촉, 수, 애, 취, 유의 마음 작용이 상응하여 일어나, 순간순간 생성과 소멸을 되풀이합니다.

유식에서 '식이란 관계 속의 변화가 앎으로 드러난 것'을 뜻하는데, 여기서 앎에는 분별지와 무분별지가 함께 있습니다. 우리의 삶 속에는 '분별하여 아는 중생의 앎과 무분별지의 앎이 함께' 있습니다.

◉『반야심경』에서 말한 '하나가 되는 것'과 『금강경』의 '하나로 합쳐진 세계'는 어떻게 다릅니까?

『반야심경』이나 『금강경』의 법문은 반야바라밀 수행으로 '모든 분별을 떠난 빈 마음으로 사는 삶'을 뜻합니다. 『반야심경』을 이야기하면서 '하나'라는 이야기를 했지만 실상에서 보면 하나라고 할 어떤 실체가 있는 것이 아닙니다. 마찬가지로 『금강경』에서 말하는 '하나로 합쳐진 세계'도 실체가 있는 것이 아닙니다. 『반야심경』이나 『금강경』의 법문은 중생의 근기에 따라 여러 가지로 표현하지만, 중생의 병이 사라지면 법문도 필요가 없음을 잘 알아야 합니다.

반야바라밀은 '즉각 공이 되는 것'이고, 공이란 '동시·전체로 함께 사는 것'이라고 했습니다. 또 어떤 것이든 그것이 그 자체로 그것일 수 없다는[卽非] 것을 바로 알아차리는 것에서 보면 일합상一合相이란 내 생명 전체가 전부 다른 생명의 연이 되고, 다른 생명 전체를 내 속에서 받아들이는 하나 된 생명의 모습이기 때문에, 여기에는 분별된 '나'와 '너'가 있을 수 없습니다. 일합상을 하나로 합쳐진 세계가 아닌 것[非一合相]에 상대해서 생각하는 순간, 곧바로 반야바라밀을 놓쳐 버립니다. 하나로 합쳐진 세계가 하나로 합쳐진 세계가 아닌 데서 합쳐진 세계임을 명확히 이해한 순간, 보고 듣고 걸을 때 '나'의 마음 가운데 '무명의 자기표현인 나·너의 분별이 사라진 것'입니다. 그때 비로소 '네가 있음으로써 내가 살고, 내가 있음으로써 네가 살게 되어' 생명의 참된 교류 속에 같이 있게 됩니다. 수행자의 삶이 순간순간 깨어 있어 곧 '하나로 합쳐진 세계'가 '하나로 합쳐진 세계'라는 실체가 없음을 밝게 알면, 무분별의 하나 됨인 하나로 합쳐진 세계에서 사는 것입니다.

● '반야바라밀에 의지한다'는 뜻은 무엇입니까?
보살 수행자와 부처님께서 '반야바라밀에 의지한다'는 것은 '지혜로 사는 것'을 뜻합니다. 반야란 지혜로서 '열린 마음'을 뜻하며, 『반야심경』에서는 빈 모습이라고 했습니다. 빈 모습이야말로 우리의 본래 모습이며 생사를 떠난 삶입니다. 보살님과 부처님께서는 우리의 삶을 떠나 다른 세계에 사시는 것이 아니라, '지금 여기에 참으로 여여한 제 모습으로 사십니다.' 이것을 반야바라밀이라고 부릅니다.

◉ '무분별'이란 무엇입니까?

수행을 시작하는 사람은 '지켜보는 힘'이 약해서 '나'를 중심으로 한 생각인 분별이 일어나지만, 이것을 따라가지 않으면 '나'가 사라지면서 '함께 사는 아름다움'인 무분별로 가게 됩니다. '열린 마음으로 다른 사람을 받아들이는 자비로움'이 무분별의 삶입니다.

◉ 보림保任이란 무엇입니까?

수행을 한다는 것은 부처의 모습을 드러내기 위해서입니다. 따라서 완전히 깨달음으로 있지 않으면, 아무리 수행이 높더라도 아직 중생의 세계에 있기 때문에 보림이라는 말이 필요 없습니다. 완전한 깨달음에서의 보림이란 오염되지 않는 부처님의 마음을 지켜가는 것을 말합니다. 그러나 투철하게 무아無我의 세계를 경험하여 분별기 번뇌를 다시 짓지는 않지만 타고난 구생기 번뇌를 다하지 못하는 단계도 있습니다. 이때가 견도위로서 여기서부터 '참된 수행'이라고 할 수 있습니다. 그러므로 견도위를 지나 수도위에서 행해지는 수행을 보림이라고도 말할 수 있습니다.

● 반야에서 '선정'이란 무엇입니까?

반야에서 '선정'이란 '즉각 열림'입니다. 그러나 우리는 '즉각 열림'이 잘 되지 않습니다. 그렇지만 '지켜보기'를 계속하여 고요함 속에서 '나'에 의한 동요가 줄어든 상태를 '선정'이라고 할 수 있습니다. '지켜보기'와 '선정'이 따로 있는 것이 아닙니다. 반야바라밀은 육바라밀 가운데 한 가지를 뜻하는 것이 아니라, 다른 다섯 바라밀이 그 속에 녹아 있을 때 진정한 반야바라밀이 되는 것입니다. 육바라밀 모두가 저마다 하나하나 속에 녹아 있을 때 수행이 완성되는 것입니다.

　그리하여 마음의 동요가 줄어든 만큼 선정 속에 사는 것입니다. 일상에서 '나 버리기'가 이루어져 고요함 속에 마음의 동요가 줄어들면, 그만큼 일상에서 선정을 닦는 것입니다. 이 때문에 반드시 앉아서 모든 것을 떨쳐 버린 고요함만이 선정이 아닙니다. 우리가 말하고 듣고 행동하면서 '나'라는 분별이 줄어들어 '나'가 사라진 만큼, 반야와 선정은 더욱더 익어가는 것입니다.

●『반야심경』에서 말하는 빈 모습에서 색은 어떻게 보는 것입니까?

『반야심경』에서 말하는 빈 모습은 '낱낱으로 나누어진 모든 법이 연기의 한모습[一相]으로 드러난 것'을 말합니다. 이것은 우리의 사유 대상인 법에 의해서 나누어진 모든 것을 부정하는 것입니다. 빈 모습은 삶이 '동시·전체로 같이 있는 것'으로서, 이때 색이 그대로 빈 모습으로 나투게 됩니다. 따라서 반야에서 색이란 '공으로서, 동시·전체적인 하나 된 삶에서 저마다 제 빛을 드러낸 것'입니다.

◉ 밖에 인식 대상이 있는 것을 공으로 보는 것입니까?

그것이 아닙니다. 인식 대상이 '안에 있다, 밖에 있다'고 나누기 시작하면, 유론有論이나 무론無論으로 빠지게 됩니다. 인식 대상을 공으로 보는 것이 아닙니다. 그러한 공의 뜻은 허무로 가기 쉽습니다. 반야에서 말하는 공이란, 대상을 보는 순간 분별의 '나와 너'가 즉각 사라져 '대상과 내가 함께하는 열림'의 삶을 뜻합니다.

따라서 '대상이 실재한다, 실재하지 않는다, 안에 있다, 밖에 있다'는 분별은 반야에서 말하는 공이 아닙니다. 그러나 뒷날 이러한 공을 논리적으로 분석하면서 공을 가장한 유론이나 무론으로 빠지는데, 이것은 허무 자체를 유나 무로 소유하고 있는 것입니다. 공이란 "즉각 마음을 쉬어 '나'를 놓았을 때 느끼고 아는 세계"입니다.

◉ '나'를 지켜보아서 '나'가 점차 없어지는 과정을 점漸이라고 봅니까?

팔이나 다리는 그 이름이 따로 있지만 몸에 속합니다. 마찬가지로 마음이나 몸도 그 이름은 따로 있지만 한 사람에게 속합니다. 이와 같이 '나와 너'도 서로 다른 것처럼 보이지만 한생명 관계이며, 나아가 우주 전체가 한생명입니다. 낱낱 현상들이 일어나고 있는 것 '전체가 하나의 앎의 장'이며, 여기에서 삶의 다양한 모습이 드러납니다.

곧 '나'를 제외한 우주가 따로 없듯이, 순간순간 일어나고 사라지는 생각이나 활동과 '나'가 따로 있지 않습니다. 그것이 일어나고 있는 장면들이 시공으로 이어지면서 무아와 무상의 모습을 나타내고 있습니다. 여러 형색들이 함께 눈에 보이듯이, 일어나고 사라지는 앎의 장에서 지켜보는 주체가 따로 있는 것이 아닙니다. 앎의 장면에서 고요함으로 있게 되면, 그것을 '지켜본다'고 말할 뿐입니다.

거울과 형상은 함께 있지만, 어떤 때에는 형상만 보게 되어 거울의 모습을 전혀 인식하지 못합니다. 그러나 고요히 지켜보면, 거울과 형상이 함께 인식의 장으로 있는 것을 알게 됩니다. 따라서 거울은 '지켜보는 주체'이고, 거기에 나타나는 형상은 '보이는 대상'이라고 분별해서는 안 됩니다. '지켜본다'는 말은 '거울까지도 인식의 장에 등장'하는 것을 여실히 보는 것입니다. 그때가 곧 고요한 상태로서, 거울과 형색을 나누어 '나와 너'로 분별하지 않는 때입니다.

그러나 다음 순간 또다시 형색을 좇아가다 보면 전체의 장면을 놓치면서 고요함이 사라집니다. 다시 정신을 차리고 분별된 형색을 좇지 않으면, 다시 고요함의 지켜봄이 살아나 동시·전체의 온전한 삶이 전면에 등장합니다. 이때에는 거울과 형색이 있는 그대로 제 빛을 전체적으로 드러내므로 나·너의 구별이 사라집니다.

고요함으로 지켜보는 전체의 온전한 삶이 있다가, 한 순간 다시 나·너의 분별 속으로 가고, 또 정신을 차려 지켜봄으로써 온전함이 드러나는 것이 되풀이되는 것이 점漸입니다. 그리고 나·너의 분별이나 거울과 형상의 분별을 떠난 온전한 전체로서의 삶이 완전히 드러난 순간이 돈頓입니다. 따라서 돈이나 점은 어느 관점에서만 뜻이 있기 때문에, 어느 한 편만 옳다고 내세우는 것은 옳지 않습니다.

점이란 '나'가 점점 없어지는 것이 아닙니다. 고요한 삶을 잃을 때 나타나는 나·너의 분별이 점점 엷어져 가는 것에 의해 마침내 온전한 전체의 삶이 드러납니다. 다시 말하지만, 고요함으로 거울과 형상을 함께 지켜보는 가운데 분별의 일어남과 사라짐이 있을 뿐,

지켜보는 '나'와 사라지는 '나'가 따로 있는 것이 아닙니다. 그러다가 나·너의 분별이 완전히 사라지게 되면 구경각의 돈오가 됩니다.

◉ 그러면 시간이 필요 없다는 말입니까?
사람들의 인식 내용이 너무나 닮아 있기 때문에 이미 그렇게 있는 시공에 사람이 태어나는 것 같지만 사람들의 시공인식 내용이 시공을 그렇게 보이고 느끼도록 함께 만들고 있기 때문에 이와 같은 인식 내용과 인식 근거의 전환을 통한다면 시공에 대해서 다른 모습을 보고 느끼게 됩니다. 그러므로 한 순간에 분별된 것으로만 보이고 느끼는 '나'가 사라지면 스스로 시공을 창조하면서 살지만, '나'가 일어난 분별된 세계로 있게 되면 이미 그렇게 있는 것 같은 시공의 인식내용에 의해서 스스로 삶을 살지 못하게 됩니다. 곧 '나'가 사라질 때에는 밝은 마음으로 있지만, '나'가 일어나면 밝음은 사라지고 무명이 일어난 것입니다. 그래서 밝은 하나 됨의 세계가 커지면 커질수록 무명은 줄어듭니다.

이와 같이 마음과 마음의 작용이 항상 어울리는 관계를 상응인相應 因이라고 합니다. 순간의 마음이 공을 상대할 수도 있고, 무명을 상대할 수도 있습니다. 점점 완성시켜 간다는 뜻에서는 시간을 말할 수 있습니다. 그러나 어느 상태로 있든지 모든 법의 빈 모습은 '순간순 간 삶이 동시·전체로 있기' 때문에, 돈점의 문제에서 '점차적인 깨달음이냐, 한번에 깨달음에 이르느냐'라고 하는 것은 빈 모습에서 말하는 것이 아니고 수행자의 인식근거의 전환을 가지고 이야기하고 있습니다. 빈 모습에서는 시간과 공간도 우리들의 인식 결과처럼 있거나 없는 것이 아니기 때문입니다. 그러므로 "분별인 '나'만의 삶이냐, 무분별인 동시·전체의 삶이냐"가 더 중요하다고 보아야 하겠습니다.

◉ '즉각 비움과 이해'란 무엇입니까?
'즉각 비움과 이해'는 내용상 차이가 있습니다. 만일 '이 차 맛이 커피 맛과 비슷하다'고 말한다면, 그 사람이 차 맛을 이해하는 범주는 커피 맛을 벗어나지 못합니다. 이와 같이 우리가 '무엇을 안다'는 것은 '나'의 한계 안에서만 일어나기 때문에 '즉각 비움'에 대한 올바른 이해를 할 수 없습니다. '아와 법'으로 이루어진 근본 무명에서 벗어나지 않는다면, 참된 법을 진실로 이해할 수 없습니다. 무명인 분별로 나누어서 이해하는 것을 법화法化라고 합니다.

여기서 '즉각 비움'이란 법화를 통해서 이해하는 것이 아니라 '법화 자체가 모두 사라지는 것'입니다. 만일 법화를 통해서 법을 이해한다면 법은 법이 아닙니다. 즉각 마음이 열렸을 때 비로소 법이 법으로서 역할을 하게 됩니다. 빈 마음이 아니면 법을 들어도 곧바로 법에 집착하고 있는 것입니다.

◉ '색 그대로 공이며 공 그대로 색[色卽是空 空卽是色]'이라는 말을 간단히 설명해 주십시오.
'삶'이란 '만남'을 뜻합니다. 만남에는 갖가지 서로 다른 조건들이 얽혀 있습니다. 만남 가운데 '지켜보기'를 이어가면, 제약된 '나'만의 삶은 사라지고 만남의 관계가 열리게 됩니다. 만남의 관계가 열려 있기 때문에 삶에서 '아와 법'을 통한 조작된 일들이 사라집니다. 이와 같이 제약된 '아와 법'을 통하여 관계 맺는 것이 사라지는 것을 공이라고 합니다. '마음이 열리면서 만남의 장이 열린 삶'을 색 그대로 공이며 공 그대로 색이라고 합니다.

● '생각의 대상'이란 무엇입니까?

지금 우리는 눈의 대상인 사물을 '색'이라고 합니다. 우리가 '본다'는 것은 '눈'과 '색'과 '보고 있는 것'이 함께 있는 것을 말합니다. 이것 가운데 어느 하나만 없어도 '본다'고 할 수 없습니다. 이 셋은 분리할 수 없지만 생각으로는 저마다 분리할 수 있습니다. 이렇게 분리할 수 없는 것을 분리하여 그것을 대상으로 삼는 것이 생각입니다. 아울러 생각하는 것도 대상과 분리됩니다. 그러면 눈, 색, 앎과, 생각하는 것, 생각의 대상, 생각이 모두 따로 존재하게 됩니다. 그러면서 대상이 없어도 '나'는 존재한다고 여기며, '나'가 없어도 대상은 존재한다고 여기게 됩니다. '본래 만남의 관계로만 있는 것'이 하나하나 나누어져 서로 관계가 없게 되는 것을 법화라고 합니다. 이러한 법화에 의하여 나누어진 하나하나를 생각의 대상이라고 합니다. 나아가 '생각하는 것'과 '생각' 자체도 생각의 대상이 됩니다. 이와 같이 분별하는 마음은 대상만 분별하는 것이 아니라, 앎은 물론 자신까지도 분별의 대상으로 삼습니다. 이렇게 사는 것을 중생의 삶, 업에 따라서 사는 삶이라고 합니다. 우리는 '즉각 열림'이 되어 있지 않기 때문에 말을 통해서만 이해합니다. 말 자체는 반드시 '무엇이라는 자기상'을 가지게 됩니다. 만일 말이 자기상自己相을 갖지 않는다면, 우리는 그 말을 이해할 수 없습니다. 따라서 설법 자체가 이미 법상法相을 통해서 말하기 때문에, 설법을 듣고 자칫 잘못하면 새로운 법상을 만들 수도 있습니다. 그러므로 부처님께서는 설법을 방편이며 뗏목이라고 하십니다.

말은 반드시 법상을 동반하기 때문에, 언어 일반으로부터 자유롭지 못하면 늘 법상을 취하게 됩니다. 지금 듣고 있는 이야기가 늘 법상일 수밖에 없는 것은, 말의 본래적인 요소가 '아와 법'인 '가립된 실재'에서 파생되었기 때문입니다. 우리가 자유로움을 잃고 갇힌 삶을 사는 데에는 말이 가장 큰 역할을 합니다. 말은 무명의 '나'를 통해서 나타나며 '나'에 의해서 말이 구성되기 때문에, 부처님께서 많은 설법을 하시고도 "한 법도 설한 적이 없다"고 합니다.

우리는 부처님 법을 말을 통해서만 이해하는 것은 아닙니다. 오히려 말을 버린 가운데, 곧 '나'를 버린 가운데서 진정한 부처님의 모습이 드러납니다. 불교의 중요한 과제는 삶의 '불만족[苦]에서 즉각 벗어나는 것'입니다. 무엇인가 이해하는 것이 아니라, 삶에서 즉각 '나 버리기'를 하는 것입니다.

3부

빔〔空〕, 모든 분별이 사라진 삶

1. 종교에는 종교가 없습니다

불교란 '깨달음을 위한 수행을 몸과 마음으로 익히는 것'을 말합니다. '깨달음'이란 연기법을 밝게 아는 것입니다. 연기법은 상호관계의 조건에 따른 무상한 변화입니다. 이 때문에 반야바라밀의 빈 마음을 닦는 수행자는 변하지 않고 닫힌 '나'는 없다는 것을 확실히 알아 '나'를 버린 열린 마음으로 삽니다. 수행을 통해서 스스로 변화되어 '깨달음의 열린 마음'이 지속되어야만 불교가 살아 있는 것입니다. 곧 한 생각이 일어나고 한 걸음 뗄 때마다 '빈 마음'이 우러나와야만 올바른 불교 공부를 하는 것입니다.

닫힌 '나' 속에는 개아와 집단아가 함께 들어 있습니다. 집단아란 집단의 이름으로 자신을 나타내는 것으로, 인류 역사상 끊임없이 지속되고 있는 종교 간의 갈등이 좋은 예입니다. 흔히 '보살을 지향하는 대승'과 '아라한을 목표로 하는 소승'이라는 말을 많이 쓰는데, 부처님 법을 공부하는 사람은 소승이라는 말을 써서는 안 됩니다. 부처님 법에는 소승이 없기 때문입니다. 대승과 소승이라는 말을 쓰면 집단아가 형성된 것입니다. 이것은 부처님 법을 올바로 이해한 것이 아니라 잘못된 견해로 부처님의 가르침을 평가한 것입니다.

집단을 자기 자신과 동일시하는 집단아로는 부처님의 가르침

속에 들어가지 못합니다. 대승과 소승을 나누는 순간, 우리는 부처님의 가르침과 멀어지기 시작합니다. '부처님의 가르침'이란 어느 시대 어느 집단이나 동시에 '마음을 열어 모두 대승이 되게' 하는 것입니다. 부처님과 아라한에 대한 차별은 우리의 분별로 나누어진 집단아의 한 예입니다.

부처님의 가르침은 '중생의 번뇌 쪽에서 보는가, 부처님의 깨달음 쪽에서 보는가'에 따라 방편의 차이가 있습니다. 예를 들어 '여래장이나 진여'는 깨달음 쪽이 중심이라고 한다면, 업이나 번뇌를 많이 다루는 '아비달마'는 중생을 중심으로 한 것입니다. 서로 말하는 방향은 다르지만 모두 '중생에서 부처님으로 이르게' 하는 데에 그 의미가 있습니다.

각자의 업에 따라서 여래장 사상이 잘 맞거나 혹은 아비달마 사상이 잘 맞습니다. 중생마다 모두 업이 다르므로, '어떤 설법을 즐겨 듣고 어떤 수행을 즐겨 하느냐'라는 문제는 중생마다 다를 수밖에 없습니다. 따라서 근본불교나 초기불교 또는 아비달마 사상은 근기가 낮은 사람들을 위한 가르침이라는 말은 맞지 않습니다. 그 시대에는 많은 사람들이 초기 경전의 가르침만 듣고도 충분한 약이 되어 열반에 이르렀습니다.

그러나 시대가 지나면서 부처님의 가르침을 우리의 삶에서 실행하는 것보다 그 가르침을 문자로 해석하는 것을 더 중요하게 여기는 사람들도 나타났습니다. 그러면서 부처님의 가르침이 왜곡되기도 했습니다. 또한 새로운 시대와 환경에 따른 부처님 법에 대한 새로운 해석과 알맞은 방편이 필요할 때도 있었습니다.

이때에 새로운 불교 운동이 일어나게 되는데, 새롭게 일어난 가르침이라도 부처님의 근본 가르침을 벗어난 적이 한 번도 없었습니다. 왜냐하면 삶을 떠나서 문자 해석만을 중시하거나 부처님의 가르침을 왜곡한 것을 부정하는 것이 새로운 불교 운동이기 때문입니다. 바꿔 말하면 '부처님의 근본 가르침으로 돌아가자'는 것이 각 시대의 새로운 불교 운동입니다. 그렇게 될 수밖에 없는 것은 새로운 운동이 일어날 수밖에 없는 시대의 요청이 있었기 때문입니다.

예를 들면 오늘날 환경보호 운동이 중시되는 것과 같습니다. 그전에는 자본을 적게 들이고 돈을 많이 버는 것이 제일 중요했기 때문에 환경을 보호한다는 생각에는 무관심했습니다. 그러나 오늘날에는 환경을 보호해야만 우리의 생명을 건강하게 유지할 수 있음을 알게 되었습니다. 또 각 나라나 전 세계의 관점에서 보더라도 개발을 위한 환경 파괴로부터 얻어지는 이익보다 환경을 보호하여 얻는 이익이 훨씬 크기 때문에, 지금까지의 산업형태를 바꿀 수밖에 없게 되었습니다. 또 전에는 국가가 모든 정보를 쥐고 있었으나 오늘날에는 개인도 쉽게 정보를 파악할 수 있게 되어 사회 전반에 새로운 변화가 계속 일어나고 있는 것과 같습니다.

남방불교에서는 부처님과 아라한을 다음과 같이 구별합니다. 첫째로 지구 역사상 석가모니 부처님께서 처음으로 아라한의 길을 여신 분이며, 둘째로 부처님과 아라한은 복덕에 차이가 있다는 것입니다. 부처님과 아라한은 똑같이 깨달았지만, 아라한은 부처님의 제자이며 깨달음의 길을 열어 주는 데에서 복덕에 차이가 있다는 것입니다.

오늘날 우리를 돌아보아도 마찬가지입니다. 깨달음에서는 부처님과 차이가 없을지라도, 모든 중생을 열반으로 인도하는 역할에서는 보살 수행의 복덕이 부처님보다 부족합니다. 불교 공부를 계속하다 보면 '나와 너'의 분별에 의한 삶이 '함께 사는 아름다움'으로 저절로 바뀌기 때문에, 아라한을 자기밖에 모르는 수행자라고 여겨서는 안 됩니다. 만일 아라한이면서 '자기만 열반에 들겠다'는 생각이 있다면, 이는 불교 수행자가 아닙니다. 그러므로 대승이니 소승이니 하는 분별 자체가 잘못된 것입니다. 분별을 전제로 한 대승이라는 생각은 제한된 '나'를 대승이라고 포장한 것입니다.

마찬가지로 자기 종교만 올바른 가르침이라고 주장하는 것은 그 가르침조차도 제대로 받아들이지 못한 것입니다. 이는 종교가 갖는 가르침과 제도에 의해서 오히려 참된 인간의 삶을 잃은 것입니다. 사실 참된 종교에는 종교가 없습니다. 불교 공부는 마음을 열게 하여 이러한 개아나 집단아의 마음을 사라지게 합니다.

불교 공부를 하려면, 먼저 '개인이나 집단에서 열림'이 전제가 되어야 합니다. 이 열림이 없으면 깨달음을 향하여 갈 수 없습니다. 열림으로 가는 '삶에 대한 통찰'은 우리의 삶을 편안하고 자유롭게 합니다. 깊은 통찰력으로 삶을 돌이켜 보면, 겉으로 드러나는 행동뿐만 아니라 '나'의 바탕인 종자까지도 바뀌어 완전히 열린 깨달음으로 살게 됩니다. 이것이 '나를 들여다보고 나를 아는 것'입니다. 이때 비로소 우리들의 삶들은 치우침 없이 보이기 시작합니다.

지금까지 가지고 있던 '개아와 집단아의 성향을 버리는 것'이 '열림'입니다. 그러기 위해서는 마음을 고요히 해야 하는데, 이는

'나'를 세우면서 일어나는 생각과 집단을 세우면서 일어나는 생각을 쉬는 것을 말합니다. 곧 '나'를 통해서 세상을 보려고 하거나 집단을 통해서 세상을 보려는 생각을 그치는 지止와, 그에 따라 마음이 고요해 나와 집단이 사라진 상태에서 삶을 보는 관觀이 살아 있어야 합니다. 불교 수행에서 지와 관은 서로 떨어져 있는 것이 아닙니다. 지와 관이 동시에 같이 일어나는 것을 '반야바라밀'이라고 합니다.

'나'가 쉬게 되고 '집단아'가 쉬게 되면 무아·무법이 되는데, 이러한 마음이 대승의 마음입니다. 대승심이라는 것은 불교의 한 파를 상징하는 마음이 아니라, '개아나 집단아에 대한 열림'으로써 무아에 이르러 마음이 열려 있는 상태를 말합니다. 반야바라밀 수행은 우리의 마음을 열림, 곧 마하로 이끌어 줍니다. 그러므로 '마하반야바라밀다심경'이라고 하여 '반야바라밀다'에 '마하'를 덧붙인 것은 '열림'을 강조한 것입니다.

어느 시대나 수행은 우리의 마음을 열어 하나 됨의 세계로 이끌어 줍니다. 바꾸어 말하면 우리의 마음이 열린 것이 수행이 되는 것입니다. 그렇지만 어떤 때에는 수행이 우리의 업을 전환하는 방법이라기보다는, '나는 수행하는 사람'이라는 생각이나 수행 방법 등의 일정한 틀을 갖게 되면서 수행이 우리의 업 자체가 되기도 합니다. 이때에는 부처님의 말씀이 오히려 일정한 틀로 굳어지게 되면서 생생한 삶을 잃게 됩니다. 그런 시대가 오면 그 안에서 새로운 열림의 운동이 일어나는데, 이런 운동 가운데 하나가 반야경 시대의 반야바라밀 운동, 곧 공불교 운동이라고 할 수 있습니다.

공불교 운동이 지향하는 것은, 그 시대의 불법이 굳어져 교리

자체가 사람 위에 군림하는 것에서 자유로워지는 것입니다. 어떤 때에는 우리의 삶 위에 교리가 있을 뿐만 아니라, 나아가 교리가 신으로까지 등장하게 됩니다. 이것은 부처님의 근본 가르침뿐만 아니라, 인간의 자유로운 속성에도 어긋난 것입니다. 공불교 운동에 대한 지침 가운데 하나가 "아제 아제 바라아제 바라승아제 모지 사바하"입니다. "가자, 가자, 깨달음의 열린 삶으로, 완전한 깨달음으로. 아! 찬연한 빈 삶이여!"입니다. 이것을 '함께 사는 아름다움'이라고 말할 수 있습니다.

이때 '깨달음으로' 또는 '함께 사는 아름다움으로'라는 말은 '목적지인 동시에 현재'입니다. 멀리 있는 깨달음으로 가자 또는 멀리 있는 함께 사는 아름다운 세계로 가자는 뜻이 아니라 '현 상태에서 바로 깨달음으로 가는 것'입니다. 현 상태에서 함께 사는 아름다움으로 가는 것입니다. '함께'에는 개아나 집단아가 없습니다. 개아나 집단아가 없어졌을 때, 비로소 우리는 함께라는 말을 쓸 수 있습니다. 개아나 집단아 가운데 함께라는 말은 '자기 자신의 다른 모습'으로 쓰는 경우가 많습니다.

함께란 아름다움으로 사는 것입니다. 이때 '아름다움이란 함께 사는 모습 자체'입니다. 반야바라밀을 닦는 수행자들은 『반야심경』의 주문인 "아제 아제 바라아제 바라승아제 모지 사바하"를 생각 생각으로 이어가면서 몸과 마음으로 '함께 사는 아름다움'으로 살려고 노력합니다.

2. 어울림만으로 있는 삶

마하반야바라밀다심경에서 '마하'란 온삶으로 하나 된 전체를 말합니다. '반야바라밀다'란 지혜의 완성인데 빈 마음으로 세상을 보는 눈이 완성된 것입니다. '나' 없이 함께 사는 아름다운 눈을 완성한 삶입니다. '심경'이란 그러한 삶에 대한 핵심적인 가르침, 핵심적인 길입니다. 이 길은 '자신을 잘 지켜보는 길'입니다. 살아가면서 생각과 말과 행동을 하나하나 잘 지켜보는 사람을 반야바라밀을 수행하는 사람이라고 합니다.

'관자재 보살'이란 '관이 자재한 사람', 또는 '자재를 관하는 사람'입니다. 관세음 보살님은 관자재 보살을 대표하는 분입니다. 행동하고 말하고 생각할 때마다, '나를 동반해서 일어나는가, 아닌가'를 잘 살피는 사람이 관이 자재한 사람입니다. '나가 있다'는 것은 생각하는 틀, 말하는 틀, 반응하는 틀 등이 정해져 있는 것입니다. 틀 속에 안주하지 않고 틀을 깨고 나와서 삶을 보기 시작하는 사람을 '스스로 있음을 관하는 사람'이라고 합니다.

"깊이 반야바라밀을 닦는다"는 것은 '나'라는 생각의 뿌리가 뽑혀 '나'라는 생각 자체가 일어나지 않는 것입니다. 마음 가운데 '나'를 내세우려는 생각 자체가 일어나지 않는 것이 '깊은 반야바라밀'

입니다.

'완전한 깊음'까지는 이르지 못했을지라도 마음 가운데 '나'가 일어나면 돌이켜 보는 힘이 있어 '구업口業과 신업身業을 다스리는 것'을 '지계'라고 합니다. 나아가 수행의 힘이 깊어져 '마음을 다스릴 수 있는 것'을 '정定'이라고 하는데, 이때는 마음 가운데 '나'를 내세우지 않아도 마음이 편안합니다. 그러다가 '나'의 바탕이 되는 분별 경향인 업이 사라지면서 '완전한 열림'이 드러납니다. 이와 같이 '마음이 완전히 열린 것'을 '지혜'라고 합니다. 이러한 계·정·혜 삼학의 완성이 해탈입니다. 따라서 반야공관을 수행하는 것은 곧바로 해탈을 향해 가는 관행자觀行者의 모습입니다.

우리의 삶이란 언제나 '나와 나의 것'으로 가득 차 있습니다. 그런데 수행을 계속하면서 '나'의 기운이 점점 사라지다가, 어느 순간 마음 깊숙이 자리 잡고 있는 '나'가 사라집니다. 생각하고 말하고 행동할 때마다 하나하나 지켜보는 "통찰력으로 '나'의 일어남이 사라지는 것이 반야 수행"입니다. 그러다가 어느 순간에 자기도 모르게 모든 업의 경향성이 한꺼번에 바뀌게 되면 수행이 완성됩니다. 마음 깊숙이 감춰져 있는 '나'란 본래부터 있을 수 없음을 확실히 알아차리는 때입니다. 이때의 무아는 견도의 무아 체험과 달리 분별 종자까지 완전히 사라진 것입니다.

몸과 마음을 이루는 요소들은 하나도 독립된 실체가 없으며, '함께 사는 가운데 오온'인 것을 꿰뚫어 보는 것이 반야공관입니다. 깊이 반야바라밀 수행을 하면, 우리의 삶이 '본래 어울림만으로 있음'을 보게 됩니다. 소외된 '나'만의 삶, 또는 '나'를 이루는 요소들의 독립된 실체는 없다는 것을 확실히 보게 됩니다. 우리의 삶이란 순간순간 어울림의 조건들이 갖가지 모습을 나투고 있는 것입니다.

생각 생각의 흐름을 명확하게 지켜보는 정념 수행이 깊어지면, 생각 깊숙이 숨어 있는 '나'란 오직 생각에 의해서만 있는 것임을 보게 되면서 '나'가 사라지게 됩니다. 무슨 일이든지 계속하면 할수록 손에 익어서 습관이 되지만, 아무리 습관이 된 일도 손을 놓으면 손이 무뎌집니다. 생각도 마찬가지입니다. 계속해서 '나'를 내세우는 일을 따라가다 보면, 늘 '나'를 내세우게 됩니다. 그러나 '나'가 일어나는 것을 지켜만 보고 그것을 따라가지 않으면, '나'를 내세우는 것이 무뎌져서 마침내 '나'가 사라집니다. 이것이 그냥 지켜보는 정념의 수행 방법 가운데 하나입니다.

다른 하나는 손의 습관을 의도적으로 바꾸는 것입니다. 지금까지는 오른손만 많이 썼는데 이제는 오른손을 쓰지 않고 왼손을 길들이듯이, '나'가 일어날 때마다 의도적으로 바꾸려고 합니다. 살아가면서 '나'가 일어나면 즉각 '나'가 일어나는 것을 보면서, 그 실체가 공한 것을 알아차립니다. 그렇게 계속하면 '나'를 다스려 가는 힘이 쌓이기 시작하면서 우리 모두는 서로 의존하면서 살고 있음을 알게 됩니다.

이것이 연기법에서 "이것이 있으므로 저것이 있고 저것이 있으므로 이것이 있고……"입니다. '이것과 저것'이라는 따로 떨어진 존재가 있어서 '서로 함께'라는 뜻이 아닙니다. 이것이 없으면 저것 자체가 이루어지지 않고, 저것이 없으면 이것 자체가 이루어지지 않습니다. '이것과 저것'은 연기 실상의 삶에서 각기 다른 자신의 표현이지만, '이것과 저것'이 독립되어 있는 것이 아닙니다. 이러한 관계 속에서 함께 흐르면서, '이것과 저것'이 있게 되는데 여기서 관계란 횡적인 공간과 종적인 시간을 함께 담고 있습니다. 이것이 반야공관으로 수행하는 것입니다.

여기서 우리는 삶이 없음[無]나 있음[有]의 형태로 존재하지 않음을 알게 됩니다. 공이란 있음에 상대되는 없음을 말하는 것이 아닙니다. 연기 실상에서는 '관계 속의 변화'만 있으므로 존재의 항상성과 단멸성은 사라지게 됩니다. 그러면서 '이것과 저것이 만나서 가볍으로 있는 것'이 우리들의 모습입니다. 임시로 잠깐씩 조건에 따라 '이것과 저것'으로 드러납니다.

『반야심경』에 나오는 없음은 그 전제가 연기법입니다. 곧 모든 법이 다 빈 모습인 연기 속에서 함께 살아가는 것으로 나누어진 것만으로는 없다는 뜻입니다. 일체란 '나'를 중심으로 일어나는 모든 생각, '나'를 중심으로 일어나는 모든 변화입니다. 모든 것이 다 빈 모습인 연기란 '나'를 중심으로 하는 생각이 없어진 것입니다. 모든 법의 빈 모습[諸法空相]이란 '함께 사는 아름다움인 연기의 삶'만 있다는 것입니다. 따라서 이때 무란 '이것과 저것으로 나누어진 것이 없는 삶'을 뜻합니다. 따라서 눈이 없다[無眼]는 것은 '빈 모습의 눈이다, 나눔 없는 눈이다'라는 뜻입니다.

'고·집·멸·도도 없다[無苦集滅道]'에서 '고가 없다'란 무無로서 고라는 뜻을 함께 담고 있습니다. 불교 수행의 가장 큰 특징은 '나'가 사라지면서 '함께'라는 것이 살아나는 것입니다. 함께 사는 연기법에서는 자연히 다른 사람의 고를 정말 '나'의 고처럼 느낍니다. '나'는 전부 사라지고 다른 사람의 어려운 일들을 내 일처럼 느껴서 함께

196

바꿔 보려고 합니다. 이것을 연민심[悲心]이라고 합니다.

'무로서 고'란 연민심의 고입니다. '나'가 사라지면 그 사회에서 일어나는 괴로움에 대하여 진실로 자비가 일어나게 됩니다. 지금까지 다른 사람의 슬픔이란 '나'의 슬픔만큼의 슬픔이었습니다. 내가 어떤 슬픔을 경험했기 때문에 저 사람도 그만큼 슬프겠다고 이해하는 정도입니다. 그런데 무로서 고를 느끼게 되면 '나'는 사라져 버리고, 다른 사람이나 사회가 느끼는 어려움이 그대로 느껴져 어려움을 함께 풀어 가려는 마음이 생깁니다.

따라서 눈 등이 없다는 대목에서 말하는 공의 삶이란 자비로운 삶을 말하게 됩니다. '나'만으로 갇힌 눈이 없어지면서 '함께하는 열린 눈'이 곧 연기를 보는 눈이기 때문입니다. '나'에서 벗어난 연기의 눈인 무無의 눈[眼]으로서의 자비는 다른 사람의 기쁨과 괴로움을 그대로 느끼면서 일어나는 삶입니다. 따라서 반야공관의 수행자는 저절로 자비행을 할 수밖에 없습니다. '나'가 완전히 열리게 되면서, 같은 시대 사람들의 기쁨이나 슬픔과 같이 하기 때문에 저절로 자비행으로 드러나게 됩니다. 그러면서 우리 스스로가 관행자, 곧 자재를 관하는 사람인 관자재 보살이 되는 것입니다.

부처님 가르침을 닦는 사람은 누구나 다 자慈와 비悲로 갈 수밖에 없습니다. '나'가 사라지면 상대방의 기쁨과 슬픔이 그대로 느껴져, 누구라도 보살의 삶을 살 수밖에 없으므로 불교 수행자는 누구라도 보살이 됩니다. 부처님께서 처음으로 보살을 이루고 보살의 길을 가셨지만, 부처님의 가르침을 닦는 사람은 누구라도 그 길을 가게 됩니다. 그래서 『반야심경』에 나오는 없음이라는 말은 개아의 집착을 통해서 일어나고 있는 색이나 성 등을 부정하는 동시에 자慈와 비悲가 가득 찬 없음이라고도 할 수 있습니다.

삶은 본래 아무것도 없는 데서 생겨나는 것[本無]일 수도 없고, 본래부터 결정된 것[本有]일 수도 없습니다. 이와 같은 생각은 '이것과 저것'을 따로 독립시켰을 때 일어나는 생각입니다. '이것과 저것'이 동시에 함께 전체적인 어울림 속에 사는 것임을 명확하게 알아차린다면, 그런 생각이 나올 수 없습니다. '너 없이도 나는 살 수 있고, 나 없이도 너는 살 수 있다'는 생각이 세상을 불만족스럽게 만드는 것입니다. 불교란 '너 없으면 내가 살 수 없고 나 없으면 네가 살 수 없다'는 관계 속에 '빈 나로 사는 것'을 말합니다. "삶이란 '나와 너'의 관계에서 일어나는 갖가지 변화"일 뿐이며, 그 관계의 변화 속에서 '나와 너'입니다.

그러므로 부처님의 가르침을 특별한 언어 표현으로 가둔다면 부처님의 가르침을 왜곡하는 것입니다. '부처님의 가르침이란 생생한 삶의 변화를 드러내는 것'이기 때문에 순간순간 변화로서 있어야만 합니다. 이때 변화란 가르침의 객관적인 변화를 뜻하는 것이 아닙니다. '순간순간 변화가 일어나고 있는 현장에서 부처님의 가르침이 그대로 살아나야 한다'는 뜻입니다. 이 때에 바로 부처님의 가르침이 생생하게 살아나게 되고, 삶을 떠나 있거나 삶을 한가지로 규정하는 견해에 빠지지 않게 됩니다.

공이란 한정된 말과 생각에서 벗어난 '빈 마음의 자유로운 삶'을 뜻하는 말입니다. 그러나 공이라는 말도 '빈 마음의 자유로운 삶'을 그대로 나타낼 수 없기 때문에 공도 공하다[空空]고 하여 공조차 부정하게 됩니다. 여기에서 알 수 있듯이, 어떤 말이든지 '삶의 생생함과 스스로 있음'을 표현하는 데 한계가 있습니다. 이것이 말이 갖는 이중성으로, 말은 진제가 아닌 세속제라고 한 정의를 잊어서는 안 됩니다.

살아가면서 '나'가 있다거나 없다는 생각이 일어나는 순간마다 공이라는 생각을 일으키면 모든 불만족이 다 없어집니다. 고의 원인은 집集으로서, 집이란 '나를 중심으로 일어난 생각'입니다. '나'를 중심으로 생각이 일어나면서, '나'와 '너'는 독립되어 함께 사는 모습을 잃게 됩니다. 그러면서 생각마다 분별의 특성을 가지게 되는데, 이와 같이 '나'를 중심으로 해서 나누어진 것들을 '모든 것[一切]'이라고 합니다.

반야공관이란 '나'라는 분별이 일어나는 순간마다 공으로 보는 것입니다. 그러면 '나'를 중심으로 한 생각들이 사라지면서 분열과 소외에서 일어나는 불만족스러운 삶이 '함께하는 삶'으로 바뀌게 됩니다. 곧 '나'를 중심으로 해서 일어나고 사라지는 모든 행동들은 다 불만족스럽게 되지만 '함께하는 삶'에는 '나누어진 모든 것'이 사라지므로 고가 없어집니다. 따라서 "모든 불만족이 없어진다"고 합니다.

고의 특성은 소외입니다. 우리의 삶을 지켜보면 이것과 저것, 곧 '나와 너가 함께 어울린 바탕'만 있습니다. '나'가 사라지면서 함께하는 삶이 살아나게 되는데, '나'란 '함께'에서 떨어져 나온 것이기 때문입니다. '나'는 이것과 저것이 어우러져 있는 연기의 삶에서 떨어져 나온 것입니다. 삶의 본질적인 연기로부터 소외된 것이 '나'입니다. 이러한 '나'가 사라지면서 함께하는 삶 속에 같이 있는 것[諸法空相]이 모든 괴로움에서 벗어나 있는 것[度一切苦厄]입니다.

● 보살과 아라한은 어떻게 다릅니까?
불교 수행이 잘 익어 찬연한 삶을 사는 분이 보살이면서 아라한이며, 아라한이면서 보살입니다. 수행이란 '함께 사는 아름다움인 빛나는 마음으로 사는 것'입니다. 따라서 아라한을 '나'밖에 모르는 수행자라는 뜻으로 생각하면 잘못된 것입니다. 자신만의 성불을 위해 공부한 결과 자신만 해탈한다면 그것은 온전한 가르침일 수 없습니다.

● '없음[無]으로서 고'를 다시 설명해 주십시오.
불교에서 깨달음의 열림과 그에 따른 활동, 곧 '지혜와 자비'는 언제나 같이 있습니다. 따라서 '없음으로서 고를 느낀다'는 말은, '나'는 사라진 상태에서 '함께 사는 사람들의 고를 참으로 느끼는 것'입니다. 다른 사람들의 고를 싫어하지 않고 그들과 같이하면서 고를 극복합니다. 그들이 집착하는 것을 자신의 일로 느껴서 같이하려는 자애로움이 저절로 일어나는 것을 '무無로서 고'라고 합니다. 따라서 무고無苦란 '고가 없다'와 '무로서 고'라는 뜻으로 풀어 볼 수 있습니다. '고가 없다'에서 '없다'는 말은 '자아 집착심이 없다'는 말이며, '무로서 고'란 말은 '자애로움이 일어나는 것'을 말합니다.

200

● '함께 사는 아름다움, 곧 반야바라밀'은 어떻게 해야 합니까?

우선 우리의 삶을 잘 관찰하는 데서 출발합니다. 삶이란 숨쉬고 먹고 함께 이야기하면서 지내는 일상을 말합니다. 또 혼자서 고요히 사색하는 것도 삶의 일부입니다. 다시 말하면 '지금 일어나고 있는 일상을 자유로운 생각으로 지켜보는 것'입니다. 아무런 선입견 없이 마음을 고요히 하고, 지금까지 배워 온 모든 생각에서 벗어나 자유로운 자세로 삶을 세밀히 관찰하는 것입니다.

중요한 것은 삶이 이루어지고 있는 바탕인 우리들의 마음을 놓치지 말고 하나부터 열까지 자세히 지켜보면서 그 내용을 알아차리는 것입니다. 이것을 '반야바라밀'이라고 합니다. 여기에서 보면 우리가 쉰다는 것 하나도 공기와 나무와 몸과 마음 등이 어울려 하나의 생명으로 있는 것임을 알 수 있습니다. '이 어울림이 함께 사는 아름다움'입니다. '어울림이 없으면 나도 없는 것을 아는 것'이 반야바라밀의 공관입니다. 『금강경』에서 말하는 '현상계의 모든 것이 다 꿈·허깨비·번개 등과 같다'고 보는 것이 반야공관입니다.

● 고苦는 집集에서 생기고, 집은 지혜가 없는 것과 연관됩니다. 그러면 '존재의식을 느낀다'는 것은 지혜가 없는 것입니까?

지혜가 없다는 것은 '자기밖에 이해할 수 없는 것'을 말합니다. '나와 나의 견해'를 소유하고 있는 것이 고의 근본인 집착입니다. 따라서 '나와 나의 견해'가 완전히 사라지게 되면 지혜가 완성됩니다. 이때는 연기 실상의 세계가 지혜로 자기를 드러내고 있습니다.

'자아의 존재의식' 때문에 고가 일어나지만 자아의식, 곧 소유로부터 자유로워지면 지혜가 생겨 고가 사라집니다. 그러나 무아에 대한 지혜가 완성되지 않을 때는 '아는 것과 아는 대상'이 완전히 사라지지는 않습니다. 이때는 조금씩 자기 열림이 이루어지는 것입니다.

사실 '자아'란 생각이 만들어 낸 허구를 실체로 삼은 것입니다. '자아의식이 문제'라는 생각은 아직 그것이 허구인 것을 확실히 경험하지 못한 것으로 엄밀히 말해서 지혜라고 할 수 없습니다. 허구를 실체로 삼았기에 '자아라는 분별의식의 전환'이 가능합니다. 거짓인 줄 아는 순간 바로 인식의 전환이 이루어진 것이며, 이것을 지혜라고 합니다. 거짓의 '나'가 상속된 것이 존재의식, 자아의식입니다. 어느 순간 공관 수행으로 자아의식이 거짓임을 아는 지혜가 일어나 거짓된 자아로부터 완전히 자유롭게 될 때 반야공관이 완성됩니다.

존재하지도 않는 '나'의 존재를 설정하게 되면서 아와 법을 분별하며 집착하는 것이 욕계 중생의 삶입니다. 이것은 이미 충족되고 완성되어 있는 온생명의 모습을 모르기 때문입니다. 충족시키려는 대상인 '나' 자체가 존재하지 않기 때문에 '나만의 세계를 쌓으려는 것'은 처음부터 불가능합니다. 독 자체가 밑이 빠져 있기 때문에, 채워도 채워도 채울 수 없는 것이 유루有漏의 허망입니다. 이와 같이 '나'를 충족시키려는 욕망의 세계를 유루의 세계라고 합니다.

무루법無漏法이란 '샘이 없다'는 말입니다. '나만의 세계'가 사라졌기 때문에 '나'만 가져야 할 필요가 없습니다. 다시 말해서 물을 부어야 할 밑 빠진 독 자체가 없습니다. 그대로 충족된 세계 속에 있어서 편안함을 느낍니다. 사는 그대로 이미 다 충족되어 있습니다.

그래서 '나'의 분별이 없어지면 수행이 필요 없습니다. 그러므로 공 가운데 팔정도는 없습니다. 자기 열림이 완성되어 삶이 언제나 안온함으로 있는 사람들은 따로 수행할 필요가 없습니다. 그러나 우리들은 부지런히 수행해야 합니다. 비록 수행이 유위법 속에 들어가기는 하지만, 유위를 통해서 무위에 이르게 해야 합니다. 이 때의 수행은 빈 마음으로 지켜보는 것이며, 마침내는 빈 마음이 본래 모습임을 깨닫게 됩니다. 따라서 빈 마음의 삶인 무루는 수행에 의한 결과가 아닙니다.

지금 우리가 하는 수행이란 분별로써 일어난 생각이 허망한 줄 알아차려 '지금 이대로가 완성된 세계임을 아는 것'입니다. 우리의 삶이란 있는 그대로 완성된 세계로서 존재합니다. 분별의 세계를 떠나면 이 세계가 전체로 열려 있을 뿐이지, 수행을 했기 때문에 열려 있는 것은 아닙니다.

3. 지혜로운 삶, 사리자

"사리자야, 색이 공과 다르지 않고 공이 색과 다르지 않으며, 색 그대로 공이며 공 그대로 색이다[舍利子 色不異空 空不異色 色卽是空 空卽是色]"라는 말은 불쑥 튀어나온 것이 아닙니다. '깊은 반야바라밀의 수행으로 마음속 깊숙이 숨어 있는 '나'만의 시간과 공간이 다 사라지는 데서 나온 말입니다. 깨어 있을 때는 물론, 잠자면서도 '나'밖에 모르는 제7식과 미세 망상은 끊임없이 지속됩니다. '깊은 반야바라밀'이란 깊숙이 숨어 있는 미세 망상이 모두 사라져 안팎으로 '나'가 사라지는 것입니다.

공부를 하면서 마음 깊은 곳에서 '나'가 일어나는 순간을 알아차리면 마음을 다스리기가 쉽지만, 시간이 지날수록 다스리기가 어려워집니다. 시간이 지날수록 분별된 '나'가 끊임없이 제 모습을 이어가기 때문입니다. 부처님께서 "침묵을 지키거나, 법을 말해라"라고 하신 까닭이 여기에 있습니다. 그것은 말의 속성이 '자기를 한정시키는 것'이기 때문입니다.

'사리자'란 부처님의 십대 제자의 한 분으로서 지혜[반야]가 제일 뛰어난 분입니다. 『반야심경』에서 '사리자'를 부르는 것은 오늘 우리에게 반야가 일어난 것을 뜻하며, 이것은 분별을 떠나면 곧바로 드러나는 지혜를 말합니다. 이와 같이 '사리자'는 한정된 '나'라는 자아의식이 일어나는 순간을 명확히 알아차려 분별을 일으키지 않는 반야바라밀 수행을 말합니다.

우리의 마음 가운데 자기 자신을 들여다보는 힘이 있으면 『반야심경』에서 말하는 '사리자'가 우리 가운데 살아나 있는 것입니다. 그렇지 않고 『반야심경』을 바깥에 있는 대상으로만 파악한다면 직접적인 수행의 원인인 지혜가 작용하지 않는 것입니다. 이때 『반야심경』은 단순히 바깥에서 도와주는 역할을 하는데, 자기 자신의 지혜가 살아나지 않는다면 바깥의 영향은 크지 않습니다. 자기 마음 가운데 있는 '사리자'인 반야바라밀의 수행이 깊어져 마음 깊숙이 있는 '나'가 모두 사라진 상태가 공입니다.

색이 공과 다르지 않고 공이 색과 다르지 않으며, 색 그대로 공이며 공 그대로 색인 상태가 공입니다. 여기에는 이미 색과 공의 구별은 사라졌으며, 색이 연기 실상인 공에서 화신으로서 제 모습을 나투고 있는 것입니다. "수·상·행·식도 또한 이와 같다[受想行識 亦復如是]"는 것은 오온 전체가 공의 드러남임을 뜻합니다. 이와 같이 '공'이란 말은 '나 없이 우리의 삶이 함께 어울려 있음'을 말합니다.

'색 그대로 공'인 것은 '삶이 연기관계에서 색과 색이 걸림 없이 열려 있다'는 뜻입니다. 이 상태에서는 마음도 열려 있고 몸도 열려 있습니다. 이와 같이 몸과 마음이 걸림 없이 열려 있는 것이 공입니다. 그래서 '색이 공과 다르지 않다'는 것은 '삶 전체가 걸림 없이 열려 있다'는 말입니다. '색 그대로 공'이란 '몸과 마음이 작용하는 순간마다 항상 열림으로 자기표현을 한다'는 것입니다. 이제는 자기 한정을 떠나 버렸기 때문에, 색으로만 한정된 삶이거나 색과 상대된 공으로 된 삶이 아니라, '삶 그대로 걸림 없이 열려 있는 것'을 말합니다.

닫힌 삶을 나타내는 업은 '분별을 바탕으로 하는 활동'입니다. 업의 활동은 끊임없이 분별된 '나'를 이어가는데, 이것이 업의 상속, 곧 '자아 상속'입니다. 전찰나와 후찰나에 끊임없이 '나'를 닮게 상속시키면서, 분별과 자기 한정을 계속 이어갑니다. 그것이 우리 몸으로 나타났을 때, 어렸을 때나 지금이나 늙었을 때 얼굴을 비슷하게 만듭니다. 생각도 마찬가지입니다.

어떤 사람은 이런 이야기를 좋아하고 어떤 사람은 저런 이야기를 좋아합니다. 좋아하는 이야기에 맞게끔 한정된 '나'의 생각이 끊임없이 흘러갑니다. 이와 같이 '순간순간 끊임없이 자기 한정과 분별을 이어가는 것'을 업이라고 합니다. 이러한 업에 따라 '나'만 아는 얼굴, '나'만 아는 몸이 만들어집니다. 수受도 '나'만의 느낌, 상想도 '나'만의 상입니다. 여기서 수는 전5식의 작용으로, 상은 제6식의 작용으로 볼 수 있습니다.

오관을 통해서 일어나는 앎으로 의식의 분별이 끼어들기 전까지를 직접 지각 또는 직관이라고 하고, 그 상태에서 의意의 분별이 끼어든 것이 수입니다. 상은 전5식을 동반하지 않고 마음으로 형상을 만들어 생각하는 것으로, 의와 법의 관계입니다. 이러한 색·수·상을 이어가는 힘이 행입니다. 그래서 '나'는 이러한 업의 장을, '너'는 그러한 업의 장을 만들므로 서로 삶의 장이 달라집니다. 이와 같이 제 각각의 업으로 이루어지는 삶의 장을 식이라고 합니다. 오온이 함께 갖추고 있는 것은 '업의 분별'입니다. 그것이 색으로 나타나든 수로 나타나든

상으로 나타나든 행으로 나타나든 식으로 나타나든 관계없습니다. 오온의 근원은 모두 '나'가 가지고 있는 '분별의 자기 한정'이기 때문입니다.

그런데 반야바라밀 수행을 깊이 해서 '색 그대로 공인 것을 아는 삶으로 전환'된 것은 '업이 바뀐 것'입니다. 한정된 '나'의 사유가 없어진 것입니다. 색으로서 한정된 자기 사유가 없어졌기 때문에 색 그대로 공이 됩니다. 이러면 그 사람의 얼굴이 밝고 환하게 변합니다. 모든 활동은 저마다의 기운을 가지고 있으므로 탐심을 낼 때에 나타나는 탐심의 기운과 진심을 낼 때에 나타나는 진심의 기운은 서로 다릅니다. 그런데 수행이 깊어지면 이 기운들이 바뀝니다. 그래서 색은 색이되 이미 색의 한정을 떠난 색으로 '나'의 삶을 나투기 시작합니다.

예를 들어 형색에 걸려 있는 사람은 '나'와 친한 사람에게는 부드러운 말을 주고받지만, 친하지 않은 사람에게는 그렇지 못합니다. 이러한 것은 오온으로부터 자유롭지 못한 것, 곧 색이 공과 다르지 않고 공이 색과 다르지 않은 빈 모습이 되지 못한 것입니다. '나' 스스로 자유롭지 못하므로 다른 사람을 받아들이는 마음 또한 좁을 수밖에 없습니다. 따라서 '다른 사람의 행위나 모양을 어떤 식으로 알고 있는가'에 따라 '수행하는 사람인가, 아니면 수행을 한다고 하지만 업만 쌓는가' 하는 것이 드러납니다.

우리가 이런 것에서 자유롭지 못하면 불만족이 일어날 수밖에 없습니다. 예를 들어 어느 집단이 '이렇게 살아 줬으면 좋겠는데'라고 생각했는데 그렇게 살지 못한다면 '나' 스스로 불편해집니다. 이것은 어느 집단에 대하여 자기 한정을 하여, 거기에 스스로 영향을 받는 것입니다. 또 자신에 대해서도 '나는 이렇게 살았으면 좋겠는데'라고 생각하면, 그렇지 못한 것에 대하여 스스로 화를 냅니다. 이러한 것들은 전부 업에 의한 '나'의 표현으로서 '한정된 업의 분별인 오온으로 사는 것'입니다. 이것은 수행하는 사람의 삶이 아닙니다.

그래서 반야바라밀 수행을 하면서 '다른 사람의 행위를 어떻게 받아들이는가' 또는 '자아의 흐름이 어떤 형태로 흐르는가'를 명확히 보아서, '나'가 사라지면 곧바로 온전한 삶을 사는 것입니다. 온전한 삶은 자비로 나타납니다. 스스로는 자유로우니까 어떤 일이라도 할 수 있지만 그것이 다른 사람에게 고를 일으킨다면 온전한 삶이 아닙니다. 예를 들어 우리는 땅을 마음대로 파고 오염시킵니다. 그런데 땅으로 보면 사람 때문에 삶의 제약을 받게 되어 식물을 키울 수 있는 힘을 잃어버립니다.

이와 마찬가지로 마음이 열리지 못한 사람이 스스로 자유롭다고 생각하고 마음대로 행동한다면, 그 자유란 자유를 가장한 닫힌 자기 표현이며, 스스로의 업만을 증장시키고 이웃을 더욱 불편하게 합니다. 나아가 수행을 잘해서 '나는 아무것도 걸림이 없다'면서 무애행을 하는 사람들 중에도, 걸림 없는 행동과 반대되는 분별 행동을 하는 경우가 있습니다. 공부를 하다 보면 그런 경우를 만나게 되는데, 여기에 속으면 안 됩니다. 지내 놓고 보면 스스로 속은 것을 알게 됩니다. 따라서 '공의 열림'이란 하나 된 만남의 장에서 함께 사는 아름다운 모습이기 때문에, '나'만의 공간이나 '나'만의 시간에서만 자유로운 것이 아닙니다. 함께 온전한 삶으로 가지 않으면 공을 실천하는 수행자가 아닙니다.

내가 상대방에 대하여 편안해졌을 때, 상대방도 나를 보고 편안해집니다. 이때 두 사람 사이에 공이 색과 다르지 않고 색 그대로 공인 관계가 일어나고 있는 것입니다. 그런데 "나는 아무것에도 걸림이 없다"면서, 다른 사람에게 "너는 왜 그런가"라고 말을 함부로 하는 사람이 있습니다. 이와 같이 '나는 아무런 걸림이 없으니까 다른 사람에게 무엇이라고 해도 관계가 없다'고 생각하는 사람은 '함께 열린 세계'를 전혀 보지 못한 사람입니다. 이러한 사람은 같이 사는 사람들의 괴로움이나 즐거움을 그대로 느끼지 못합니다. 비심悲心이나 자심慈心이 일어나지 않는 무애행이란 사실상 무애행을 가장한 분별행인 경우가 많습니다.

"색이 공과 다르지 않고 공이 색과 다르지 않다"는 말에서는 색과 공이 대비가 되지만, "색이 그대로 공이며 공이 그대로 색이다"에서는 색과 공의 대비가 사라집니다. 색과 공이라는 개념을 가지고 색이 공과 다르지 않다고 해서 공과 색이 일 대 일로 대응관계를 가지는 것처럼 보입니다. 그래서 "색 그대로 공이며 공 그대로 색이다"라고 하여 색과 공이 일 대 일 대응관계를 떠나 있는 것을 보여 줍니다.

따라서 색의 삶이 있고 공의 표현이 있고, 공의 세계가 있고 색의 표현이 따로 있는 것이 아닙니다. 색과 공이 서로 다른 것이 아닙니다. 색으로 나타난 삶 그대로가 바로 공이며, 공 그대로의 표현이 색이 됩니다. 이 상태에서는 색과 공이라는 두 개념이 설 자리가 전혀 없으며, 색 그대로 공이며 공 그대로 색이 됩니다.

210

이런 말을 듣는 순간에도 우리는 계속 '나'가 일어나면서 다른 생각으로 빠집니다. 걷는 순간에도 오로지 걷기만 하는 것이 아니어서 온전한 집중이 일어나지 않습니다. 그래서 우리는 '걷는 나'와 '생각'과 '무엇' 등 여러 가지가 섞인 이중·삼중 구조 속에서 걷게 되는데, 이러한 구조 속에서 사는 것은 여기서 말하는 '색 그대로 공이며 공 그대로 색'에서의 그대로가 아닙니다.

볼 때에는 '봄'만으로, 들을 때에는 '들음'만으로, 걸을 때에는 '걸음'만으로 있는 것을 '색 그대로 공이며 공 그대로 색'이라고 합니다. 색과 공은 상대되는 두 개념이 아니라, 삶에서 '한 생각 한 동작이 일어날 때마다 그대로 온전한 전체가 되는 것'입니다. "수·상·행·식도 또한 이와 같다"란 '수가 공과 다르지 않고 공이 수와 다르지 않으며, 수 그대로 공이며 공 그대로 수인 것' 등을 나타냅니다. 오온이란 우리의 삶에서 분별의 모임을 다섯 가지로 나눈 것입니다. 만일 온전한 전체가 되면 분별의 모임인 오온은 바탕이 없어지며, 오온이 공의 한모습[一相]으로 됩니다. 이와 같은 관계가 다르지 않음[不異]이며 그대로[卽是]입니다.

오늘 책상을 이렇게 보면 내일도 또 그렇게 보입니다. 늘 이 범주 안에서만 볼 수 있게끔 우리 눈의 업이 한정되어 있기 때문입니다. 따라서 우리 앞에 책상이 있을 때 그 책상을 보는 것까지는 자기 업의 한정을 벗어나지 못합니다. 그런데 책상을 보는 순간, '책상은 책상이 아니다'라고 생각합니다. 이러한 '부정'을 통해서 자기 한계를 벗어난 눈으로 사물을 보기 시작했을 때, 책상이 온전하게 살아나기 시작합니다. 사람과 책상의 만남에서 자기 업으로 한정된 모습이 책상으로 나타났기 때문에, 이 모습만 버리면 자유로워집니다. 이때 '봄[見]'이라는 하나 된 생명의 표현 속에 '나와 책상이 녹아서 일체가 된 공의 세계가 열리는 것'입니다.

업으로부터 일어난 현상계를 보는 것은 지금 상태에서는 정해져 있습니다. 보기 좋은 사람, 보기 싫은 사람 등이 우리 눈에 떠오를 때마다 곧바로 업에 의해서 만들어진 허상임을 알아차려야 합니다. 그러면 바로 전찰나까지 좋아하거나 싫어하던 마음이 다음 찰나로 이어지지 않습니다. 물론 그렇게 하는 것이 습관이 되지 않았기 때문에 처음에는 잘 되지 않습니다. 그러나 끊임없이 노력하면, 한정된 말로 표현된 현상계는 우리의 참된 삶이라고 보지 않게 됩니다.

그때 전찰나의 수상受想과 후찰나의 수상이 질적으로 변하면서 업의 변화가 일어납니다. 한 생각이 떠오르는 순간 곧바로 상속의 내용을 바꿉니다. 탐진치 삼독으로 이어지던 삶을 '불이不異·즉시卽是·즉비卽非'로 보기 시작하면서 공이 드러납니다. 즉각 '아니다[非]'를 동반하면서 동시에 '그렇다[是]'가 되어 삶을 긍정하게 됩니다. 이때 '즉비를 동반한 시'란 상대된 긍정이 아니라 '온 삶을 긍정'하는 것입니다.

그래서 '색이 공과 다르지 않다'는 것을 생각 생각마다 이어가면서 함께 사는 아름다움을 그려 갑니다. 그러다 보면 나중에는 일부러 생각할 필요 없이 저절로 그와 같은 생각이 이어지게 되면서 수행이 깊어집니다. '공이 색과 다르지 않다'는 말은 공을 표현한 것이면서, 공 그대로 색이기 때문에 드러난 모든 삶들이 열림으로 함께 사는 것입니다. 즉비를 동반한 '공이 색과 다르지 않고, 색이 공과 다르지 않다'는 것은 자아의식이 사라져 온 삶을 긍정하는 것입니다. 이와 같이 모든 것이 온전한 삶이 된 것을 '지혜의 삶'이라고 합니다.

여기서 '지혜의 삶'이란 우리 스스로가 '사리자'로 바뀐 삶입니다. 그러므로 '사리자'란 부처님 십대 제자 가운데 한 분만을 가리키는 것이 아닙니다. 누구라도 분별의 수상을 즉비即非와 즉시即是로 무분별의 수행으로 바꾸어 함께하는 온삶이 된다면, 곧바로 '사리자'가 됩니다. 생각마다 걸음마다 하나 됨의 세계인 지혜의 열림 속에 놓여 있는 '사리자'는 빈 마음으로 함께 사는 것을 뜻합니다.

여기서 '빈 마음으로 함께 사는 것'이란 긍정과 부정을 동시에 초월한 밝게 빛나는 마음, 밝게 빛나는 우리의 삶을 뜻합니다. '밝게 빛나면서 함께 사는 아름다운 모습'이 공상입니다. '나'의 한계를 벗어난 참된 삶이 드러나 '나와 너의 분별'이 '자비의 무분별'이 된 상태가 빈 마음으로 함께 사는 것입니다[諸法空相].

4. 동시 · 전체로 하나 된 삶

"모든 법이 하나 된 아름다움으로 사는 빈 모습은 새로 생겨나는 것도 아니고 없어져 사라지는 것도 아니며, 더러워지는 것도 아니고 깨끗해지는 것도 아니며, 늘어나는 것도 아니고 줄어드는 것도 아니다[諸法空想 不生不滅 不坊不淨 不增不減]"라고 했습니다.

빈 모습이란 연기법을 말하는데, 용수 보살은 연기법을 팔불중도八不中道로 설명하고 있습니다. 연기법은 새로 생겨나거나 사라져 없어지는 것이 아니라, 언제나 온전한 생명과 함께한 흐름으로 있는 것입니다. 이것을 자재自在라고 합니다. 이것은 낱낱 하나하나로 떨어진 삶이 아니라 '동시 · 전체로 하나 된 삶'입니다.

연기법은 시작도 없고 끝도 없이 스스로 있는 것[自在]이면서, 시절인연을 잘 알아[觀] 이곳 저곳에서 여러 모습을 나투는 생명 전체의 장입니다. 한편에서는 끊임없이 숨을 들이쉬듯이 생겨나는 모습이고 다른 한편에서는 끊임없이 숨을 내쉬듯이 소멸하는 모습이지만, 이 모두는 생과 멸이 하나 된 우주의 호흡입니다. 마치 들이쉬는 숨과 내쉬는 숨이 우리 몸의 전체적인 생명 활동인 것과 같습니다. 내쉴 때에는 내쉬는 것으로 전체가 하나 된 것이며, 들이쉴 때에는 들이쉬는 것으로 전체가 하나 된 것입니다.

따라서 생멸·구정·증감의 모습은 법계일상法界一相의 온삶에서는 있을 수 없습니다. 스스로 있는 연기의 모습은 또한 더러워지는 것도 깨끗해지는 것도 아닙니다. 음식을 먹고 대소변을 보거나 산소가 들어가고 탄산가스가 나온다고 더러워지거나 깨끗해지는 것이 아닙니다. 이것은 전체적으로 하나 된 생명 활동으로서 깨끗하고 더러움을 떠난 것입니다. 마찬가지로 늘어나거나 줄어드는 것이 아닙니다. '우주의 호흡'은 숨을 내쉰다고 줄어들고 숨을 들이쉰다고 늘어나지 않습니다. 공상으로서 연기의 법계일상은 생과 멸, 구와 정, 증과 감 등으로 나눌 수 없는 '살아 있는 생명체의 온전한 표현'입니다. 이것을 잘 알고 공부해야 합니다. 곧 숨을 들이쉴 때에는 전체가 하나 된 것으로 들이쉬고, 숨을 내쉴 때에는 전체가 하나 된 것으로 내쉬어야 합니다. 여기에서 숨을 들이쉬는 것도 자재이며, 숨을 내쉬는 것도 자재입니다. 무엇이 숨을 내쉬게 하거나, 숨을 새롭게 생기게 한 것이 아닙니다.

이와 같이 빈 마음으로 함께 사는 모든 것의 빈 모습에는 생멸과 구정과 증감이 있을 수 없습니다. 보통 우리는 '나와 너'라는 상대 개념 속에서 삽니다. 여기서 '나와 너'란 말은 생과 멸, 증과 감, 정과 부정 등과 같이 상대 개념 속에 자신이 놓여 있는 것입니다. 이러한 상대 개념들이 스스로 있다는 생각은 단견斷見·상견常見의 견해와 무인론無因論 등의 잘못을 일으키게 됩니다. 그러나 '동시 전체의 모습'은 동시에 서로를 있게 하는 자재의 세계입니다.

상대 개념은 '좋아함과 싫어함' 등으로 자기 자신을 나타냅니다. 그래서 '무엇을 좋아하고 무엇을 싫어해야 한다'는 가르침이 있다면 그것이 옳은 것 같아도 자신과 사회를 완전히 열게 할 수 없습니다. 부모와 자녀 사이뿐만 아니라 사회 구성원들 간에도 그런 가르침이 지속되어 오고 있습니다. 그런데 왜 사회가 완전히 열리지 않습니까? 그들은 늘 '상대된 열림' 속에서 '자기 열림'을 말하고 있기 때문입니다. '상대된 이해 속의 열림'에서는 '나'는 너로 느끼지 않고, 너는 '나'로 느끼지 않기 때문에 언제나 타인이라는 벽이 있습니다. 도덕의 가르침 또는 종교에서조차도 그들만의 '상대된 열림'을 보이고 있습니다. 그래서 종교가 발생한 뒤로 오늘까지, 드러나든 드러나지 않든 끊임없이 종교 전쟁이 일어나고 있는 것입니다. 따라서 정에 상대되는 부정, 증에 상대되는 감의 태도로 있게 되면 자신과 사회를 열 수 없습니다.

『반야심경』의 주문은 "가자, 가자, 깨달음의 열린 삶으로, 함께 사는 아름다움으로. 아! 찬연한 빈 삶이여!"라고 합니다. 이때 '감' 속에 '깨달음과 함께 사는 아름다움' 모두를 담지 못하면, '감'이 '옴'을 상대한 것이고, '옴'이 '감'을 상대한 것이 됩니다. 그래서 '감'과 '옴' 그대로만 있지 못하여 깨달음과 함께 사는 아름답고 성스러운 세계를 이루지 못합니다. 여기서 '성스러운 세계'란 한순간에 절대 현재로 자기 전 존재를 드러내는 것입니다. 이것은 '온전한 자기 삶의 전체'를 드러내는 것입니다.

생 속에서 멸을 보거나 멸 속에서 생을 보는 것이 아닙니다. 우리 삶이 어떻게 놓여 있든지 '나'를 통찰하면, 괴로움을 갖고 있거나 즐거움을 갖고 있는 '나'가 사라집니다. 이때 상대가 없어져 법계일상의 자재로 사는 삶을 불생불멸이라고 합니다.

또 더러워지는 것도 깨끗해지는 것도 아닙니다. 아는 사람이 무슨 이야기를 하면 어쩐지 자기도 모르게 듣기 싫을 때가 있습니다. 그것은 그 이야기로부터 자유롭지 못한 것이므로 더럽고 깨끗함이 있는 것입니다. 그런데 상대방이 어떤 이야기를 하더라도 나의 마음을 열어서 듣기 시작하면 더럽고 깨끗함이 일어나지 않습니다. 그런데 나에게 더럽고 깨끗하다는 분별심이 사라지면 함께하는 장이 이 영향을 받아 분별심이 엷어집니다.

일상생활에서 말하고 보면서 '나' 스스로 더럽고 깨끗하다는 생각을 일으켜 취하거나 버리면 더럽고 깨끗함이 있는 것입니다. 취하거나 버릴 생각이 없으면 더럽고 깨끗함이 사라지면서 이 세계가 아름다운 정토로 드러납니다. 성스럽고 착하고 아름다운 삶이 살아 있는 것이 정토입니다. 그러므로 남들에게 일어나는 일에 대하여 더럽다거나 깨끗하다는 생각이 일어나지 않으면, 정과 구를 떠난 삶 속에서 살게 됩니다. 이것은 깨끗함과 더러움이란 빈 모습에서 나오는 이야기가 아니라 그렇게 생각하는 데서 생겨나는 분별임을 잘 알아야 한다고 가르치고 있는 것입니다.

'늘어나는 것도 아니고 줄어드는 것도 아니다'라는 것도 마찬가지입니다. '나'는 올라가고 '너'는 떨어져야 한다는 태도가 증감입니다. '나'를 잘 보이기 위해서 상대방의 잘못을 부각시킵니다. '나'를 잘 보이기는 힘들지만, 상대방의 잘못을 드러내 상대방을 깎아 내리는 것은 쉽습니다. 그냥 살면서 뛰어나 보이는 것이 아니라, '나' 자신이 못났다고 생각하면 감이 있는 것입니다. 상대를 헐뜯는 소리를 하면 증감 속에서 사는 것입니다. 바꿔 말하면 생멸이나 구정이나 증감이 있는 것은 반야바라밀 수행을 하지 않는 상태입니다. 반야수행을 하지 않는 사람은 관행자, 곧 수행자가 아닙니다. 수행자가 아닌 사람은 부처님의 가르침을 몸과 뜻으로 익힌 사람이 아닙니다. 그러나 '나'를 깊숙이 들여다보는 수행을 하여 잠잘 때나 꿈속에서도 '나'만 아는 세계를 '동시에 함께 사는 세계'로 바꾸면 생멸·구정·증감의 내용이 사라집니다. 이때 업에 의해서 나누어진 세계는 사라지고 '동시·전체가 함께 사는 세계'가 됩니다. 이러한 세계가 연기 실상의 삶입니다.

'나'만 보았을 때에는 '나'의 생멸·구정·증감이 있는 것처럼 보입니다. 그러나 우주의 춤인 하나의 생명으로 있을 때는, 하나하나가 삶의 온전한 나타남이므로 생과 멸 등으로 분별된 세계는 사라지게 됩니다. '나'만의 삶으로 보지 않으면 모두가 생명 실상입니다. 그리고 이와 같은 것은 스스로 있는 모습이기 때문에 '누구에게나 늘 열려 있는 실상'입니다. 깨달아야만 비로소 생기는 세계가 아니라 늘 함께하는 세계입니다. 그렇기 때문에 삿된 견해가 사라지는 순간, 열려 있는 이 세계는 저절로 드러나 있는 세계임을 알게 됩니다. 이것은 여러 조사님들께서 하셨던 말씀입니다.

낱낱의 모든 법을 살펴보아도 마찬가지입니다. 낱낱 법의 실체는 존재하지 않고 '이것과 저것'의 인연에 따른 생멸상으로서 잠깐 모습을 나타낼 뿐입니다. 생각도 마찬가지입니다. 따라서 마음이나 사물 모두는 그 이름에 맞는 실체가 있는 것이 아닙니다. 또 '이것과 저것'은 상호관계에서만 '이것과 저것'으로 있기 때문에, 연기법을 벗어나면 '이것과 저것' 또한 없는 것입니다.

생성과 소멸은 연기의 모습일 뿐이며, 연기는 '이것과 저것'이 스스로 결정된 성품이 없기 때문에 가능한 것입니다. 만일 결정된 생멸이 있다면, '이것과 저것'의 만남에 따른 새로운 모습이 생기거나 사라지지 못할 것입니다. 따라서 낱낱의 법은 자성이 없으므로 없던 것이 생기거나 있던 것이 없어지는 것이 아닙니다. 단지 법계일상인 연기의 흐름에서 스스로 그렇게 있을 뿐입니다.

5. 성스러운 고의 가르침

부처님께서 오온·십이처·십팔계를 말씀하셨습니다. 어떤 사람은 분별이나 자기 한계가 사라진 말에 끌리고, 어떤 사람은 업에 의해서 나타난 세계에 관심을 가집니다. 오온·십이처·십팔계는 업을 통해서 나타나는 세계를 말합니다. 불교에서는 업을 통해서 나타나는 세계를 유위법이라고 합니다. 유위법이란 '제약된 법, 또는 조작된 법'입니다. 자기 한정인 '업에 의해서 제약된 삶, 조작된 삶'입니다. 부처님께서는 이러한 조작된 삶을 오온·십이처·십팔계로 설명하십니다.

그런데 『반야심경』에서는 오온·십이처·십팔계가 '없다'고 합니다. 제약된 삶을 떠났기 때문에 눈 등의 제약도 떠납니다. 곧 '눈이 없다無眼'는 것은 눈 그 자체로 독립된 실재가 아니라는 말도 되지만, '제약이 없는 눈'이라는 뜻도 됩니다. 실상으로 보면 눈 그 자체는 '무위의 눈'이지만, 보통 우리의 눈은 제한된 생각으로 재구성하여 보는 유위의 눈입니다. 오온이 다 공한 것을 사무치게 보게 되면 제약이 없는 오온으로 바뀌어 부처님의 지혜를 성취하게 됩니다. 오온을 나눈 것이 십이처·십팔계이므로, 오온이 제한이 없다면 십이처나 십팔계도 제한이 있을 수 없습니다.

바꿔 말하면 제약되고 조작된 삶은 제한된 나눔에서 일어납니다.

그 가운데 십이처란 눈과 형색의 나눔, 귀와 소리의 나눔, 코와 냄새의 나눔, 혀와 맛의 나눔, 몸과 접촉의 나눔, 생각과 생각에 의해서 조작된 법의 나눔 등 12가지로 나눠지는 것을 말합니다. 그런 나눔이 보통 우리들의 삶입니다. 업에 의하여 눈이 제약되어 있기 때문에 책상을 책상으로만 봅니다. 눈만 제약된 것이 아니라, 근본 업이 우리의 눈을 그렇게 밖에 볼 수 없도록 제약하고 조작합니다. 업이 우리 귀를 그렇게 밖에 들을 수 없고, 그렇게 밖에 알아차릴 수 없도록 제약하고 조작합니다.

우리가 지금 보고 듣는 안·이·비·설·신·의나 색·성·향·미·촉·법은 업에 의해서 제약되고 조작된 유위법입니다. 그래서 '법체항유 삼세 실유[法體恒有 三世實有]'를 주장한 유부에서는, 5위 75법 가운데 색·마음·심소유법·심불상응행법을 모두 유위법에 포함시켰습니다. 따라서 보통 중생의 몸과 마음 등은 5위 75법 가운데 무위법인 허공·택멸·비택멸 세 가지를 뺀 72법에 다 들어갑니다. 자기 한정에 따라 마음이 조작되어 법이 늘 있는 것처럼 느끼도록 자기 복제를 끊임없이 하는 것이 유위법입니다. 이러한 유위법으로 이루어진 우리의 삶을 12가지[십이처]나 18가지[십팔계]나 72가지로 말합니다.

그러나 수행을 통해서 업에 의해 조작된 법칙에서 벗어날 수 있습니다. '자기 들여다보기'를 계속하면 색과 형상이 달리 보입니다. 우리는 자기 기운을 바꿔 보지 않았기 때문에 어제나 오늘이나 비슷한 얼굴이고, 어제 본 책상이나 오늘 보는 책상이 늘 같습니다. 그런데 '자기 들여다보기'를 계속하거나 자기 한정을 벗어나려는 환멸문의 수행을 하면, 네모난 것이 둥글게도 보이고, 긴 것이 짧게도 보이고, 먼 것이 가깝게도 보이고, 빨간 것이 노랗게도 보이고, 노란 것이 파랗게도 보이고, 또 어느 때는 아무것도 보이지 않습니다. 그래서 지금까지의 눈의 제약으로부터 벗어나기 시작합니다.

여기에서 우리는 '지금 보고 있는 것은 사람이라는 업의 한정에 의해서만 이렇게 보인다'는 사실을 알 수 있습니다. 선수행을 통해서 색계나 무색계에 이르면, 욕계에 사는 사람의 제약에서 벗어납니다. 색계정이나 무색계정을 경험하게 되면 지금과 다른 세계를 볼 수 있습니다. 지금 우리가 보는 대상들은 욕계의 제약된 중생들의 눈에만 그렇게 비친 것임을 알게 됩니다. 바꿔 말하면 '업이란 마음의 조작'이며, 이 힘에 따라서 다시 조작된 눈을 통해서 사물을 이렇게밖에 볼 수 없다는 것을 알게 됩니다. '모든 것은 조작된 사람의 업에 따라서 나툰 세계'임을 알게 됩니다.

『금강경』에서는 업에 의해서 한정되고 조작된 모든 법은 꿈과 같고 허깨비와 같고 물거품과 같고 그림자와 같다고 합니다. 물거품이 일어나고 사라지는 것, 허깨비가 일어나고 사라지는 것과 같은 것 곧 실체 없는 것이 우리의 삶이나, 우리는 이것을 알지 못하고 있습니다. 왜냐하면 지금까지 살아오면서 우리의 삶을 조작하고 있는 업에서 벗어난 적이 없기 때문입니다. 그런데 현재의 일상적인 삶과 수행에서 일어나는 삶에 대하여 듣고 난 후 자신의 삶을 바꾸려고 합니다.

'업을 바꾸는 일'이란 '반야바라밀 수행을 하는 것'입니다. 반야바라밀이란 마음을 고요히 하고 '삶 그대로를 명철하게 지켜보는 것'입니다. 이때 반야바라밀의 가장 큰 스승은 '삶에서 고를 자각하고 고품로부터 벗어나려는 의지'입니다. '사람으로 태어나 어떻게 고품에서 벗어날 수 있겠느냐'며 고품를 당연하게 여겨 벗어날 생각을 하지 못하면, 고품가 스승의 역할을 하지 못합니다. 고품가 스승의 역할을 했을 때에만 성스러운 고품의 가르침이 됩니다. 이와 같이 삶에서 고품를 자각하고 고품에서 벗어나려는 사람들이 반야바라밀 수행을 하게 됩니다.

반야바라밀 수행에 의해서 번뇌의 분별심을 그친 것이 삶을 바로보는 것입니다. 마음 가운데 조작되고 제약된 업이 일어나는 것을 명확히 선택 관찰해서, 조작이나 제약으로부터 자유로워지는 것을 열반이라고 합니다.

먼저 몸과 마음에서 일어나는 것을 명확히 지켜보기 위해서는 마음 가운데 '나'가 드러나지 말아야 합니다. 아무런 색깔이 없어야 합니다. 마음의 동요가 일어나는 사람은 색깔이 진한 것이고, 마음의 동요가 없으면 색깔이 엷은 것입니다. '나'를 통해서 파악된 세계로부터 벗어나려는 활동을 하는 것이 반야바라밀 수행입니다.

이로부터 분별을 떠나 살게 됩니다. 통찰력에 의해 자기 한정이나 분별의 업에서 벗어나 조작되지 않은 삶을 살게 될 때, 생겨나는 것도 아니고 없어지는 것도 아니며, 더러워지는 것도 아니고 깨끗해지는 것도 아니며, 늘어나는 것도 아니고 줄어드는 것도 아닌 중도의 삶을 사는 것입니다.

● 번뇌가 처음 일어나는 순간을 보면 쉽게 다스릴 수 있다는 것은 무슨 뜻입니까?

한번 생각이나 행동이 일어나면, 일정한 상태로 자기 모습을 강하게 나투다가 사라져 갑니다. 예를 들면 화가 났다가도 시간이 지나면 그 마음이 가라앉는 것과 같습니다. 그러나 이것은 이미 강한 영향력을 남기기 때문에 같은 상황이 되면 더 쉽게 화를 내게 됩니다. 그러나 화를 내려는 순간을 명확히 지켜보면, 나와 주변이 동시에 화의 기운으로 가득 차 있지 않기 때문에 그것을 다스리기가 쉽습니다. '처음을 보면 볼수록 다스리기가 쉽다'는 말은 이것을 뜻합니다. 이때에는 영향력을 거의 남기지 않기 때문에 다음에 같은 상황이 되더라도 전찰나와는 다릅니다. 한 생각이 일어나려는 순간을 명확히 보아 다스리기 시작하면, 선정력이 생긴 것입니다. 선정력이 생긴 것은 무아를 체험하는 삼매의 힘이 커진 것입니다. 삼매란 "'나'가 없는 앎"을 말합니다. '안으로 지켜보면 볼수록 쉽게 다스리게 된다'는 말은 깊은 선정력이 생긴 것으로, '나'가 사라져 가는 것입니다. '나'가 사라지면 사라질수록 번뇌를 다스리기가 쉽습니다.

● 간화선과 관법을 병행할 수 있습니까?

관법이라고 하면 우선 떠오르는 것이 오종관법입니다. 이것은 미혹한 장애를 그치게 하는 수행 방법들입니다.

첫째는 부정관으로서 탐욕이 많은 사람에게 효과가 있습니다. 몸을 부정하게 보는 것으로, 시체나 백골 등을 대상으로 관하는 것입니다.

둘째는 자비관으로서 진심이 많은 사람에게 효과가 있습니다. 다른 사람과 즐거움을 나누고 다른 사람의 괴로움을 없애서 마음을 여는 방법입니다.

셋째는 연기관으로서 십이인연을 역관 또는 순관으로 관하여 치심을 다스립니다. 치심이란 연기 실상을 모르는 마음으로, 논에서는 62견을 대표로 들고 있습니다. 독단적인 자기 견해에 빠져 현재의 삶 밖에 또는 삶의 이면에 존재나 비존재 등의 실체를 세우면서 진리라고 믿는 것은 참된 삶의 모습을 모르는 것입니다.

넷째는 계분별관으로서 아집이 강한 사람을 다스리는 방법입니다. 지·수·화·풍·공·식의 육계가 인연 화합하여 십팔계의 모든 법이 이루어졌다는 것을 관하여 무아를 알아차리는 것입니다. 이는 성도聖道의 방편이 되므로 방편관이라고도 합니다.

다섯째는 수식관으로서 산란심이 많은 사람에게 효과가 있습니다. 마음을 '들숨과 날숨'의 한 경계에 두고 수를 세는 것입니다. 이밖에도 염불관 등 여러 가지 관법이 있습니다.

탐심이 많은 사람은 탐심 때문에 마음이 흔들리므로 이 사람에게 중요한 것은 탐심을 그치는 것입니다. 그래서 탐심을 다스리는 부정관을 합니다. 진심이 많은 사람은 진심 때문에 마음이 흔들리므로 자비관을 해서 진심을 다스립니다. 다른 방법도 마찬가지입니다.

관법의 특성은 흔들리는 마음을 그치는 힘을 길러, 마음 쉼이 깊어지면서 모든 법의 흐름을 명확히 통찰하는 것입니다. 곧 탐심과 진심을 다스려 마음을 고요히 할 뿐만 아니라, 치심을 다스려 고요한 가운데 사물의 흐름인 생멸인연상生滅因緣相을 알아차리면서 스스로 공이 되어야 합니다.

그렇지만 마음 쉼을 강조하는 이유는 보통 사람들이 업성에 의해서 늘 들떠 있기 때문입니다. 그러나 자비관을 하는 사람을 예로 든다면 진심에 대한 마음 쉼과 아울러 자비에 대한 통찰이 같이 있기 때문에, 관법이 들떠 있는 업성을 그치게만 하는 것은 아닙니다. 곧 자비심이 커지는 동시에 진심도 사라지지만, 통찰력도 깊어져 연기공성에 대한 지혜가 형성됩니다. 나머지 관법도 마찬가지입니다.

화두선도 성적등지惺寂等持 또는 선정쌍수禪定雙修와 정혜쌍수定慧雙修를 강조하는 데서 알 수 있듯이 '마음이 가라앉는 가운데 화두를 명확히 보는 힘이 살아 있어야' 합니다. 이것은 '마음 쉼[止]과 알아차림[觀]이 동시에 있음'을 뜻합니다. 화두를 통해서 마음이 고요해지면 지가 살아 있는 것이고, 고요한 가운데 화두를 의심하는 힘이 있으면 관이 살아 있는 것입니다. 그러나 번뇌생멸심을 그치고[止] 마음을 오로지 한 곳에 주시한다[心一境性]는 뜻에서, 이것을 '지의 관' 곧 사마타[定]의 특성이 강한 관이라고도 합니다.

여기에 상대해서 현행 분별의 생멸심에 따르지는 않지만[止] 마음의 대상이 한 곳이 아니라 생멸인연상 전체를 대상으로 주시하는 방법이 있습니다. 이것을 '관의 관' 곧 비파사나[慧]라고 합니다. 이것을 통해서 생멸인연상의 무상·고·무아를 확실히 알게 됩니다. 그러나 대상을 한 곳으로 주시하는 지관의 방법으로도 삼독심을 없애고 자비심을 키우고 무아 등 삼법인을 알게 됩니다. 다만 화두의 경우에는 생멸심을 그치게 하는 것은 같지만, 오종관법처럼 관의 내용이 주어진 것이 아니라 화두를 의심하는 것입니다.

그러나 공부란 스승·도반·환경 등 여러 요소가 함께 작용하기 때문에 한결같이 어떤 방법이 좋다고 말하기는 어렵습니다. 화두방법만 하더라도 선종 후대에 일어났으며, 이것 또한 그 시대상에 대한 한 반응이라고 볼 수 있습니다. 그러나 모든 수행방법의 공통점은 현행 분별기 번뇌가 이어지지 않는 지止와 그 상태에서 대상에 대한 뚜렷한 주시인 관觀이 살아 있는 지관겸수止觀兼修·정혜쌍수의 입장입니다. 훌륭한 스승을 만나 자기의 업성에 따라 알맞은 방법으로 좋은 환경에서 도반과 힘껏 공부한다면 그 공은 자연히 이루어질 것입니다.

마음의 평정을 말하는 지는 수행으로 얻어지는 것이 아니라, 평정 곧 열반이 삶의 바탕을 이루기 때문에 가능한 것입니다. 이 바탕에서 만남의 변화가 생멸인연상으로 나타나는 것이기 때문에 모든 모양에서 빈 모습을 관할 수 있는 것입니다. 따라서 지관 수행은 '우리의 본 모습을 있는 그대로 보는 것'일 뿐, 지관 수행 자체에 뜻이 있는 것은 아닙니다.

◉ 화두선은 어렵다고 합니다.

성취하려는 생각이 있으면 무엇이든지 어렵습니다. '반야의 삼종삼매'에 공空·무상無相·무원無願이 있습니다. 무원은 원력이 없는 것입니다. '나'가 완전히 사라진 무아이므로 따로 원할 원력은 없지만, 원력이 없는 사람에게서 참된 자비가 일어납니다. 열림으로 만나기 때문에 다른 사람의 고를 그대로 느끼면서 그 사람이 고에서 벗어나

멸도에 이르게끔 도와주려는 자비심이 저절로 일어납니다. 이것이 원력을 세우지 않는 가운데 저절로 이루어지는 원력의 완성이므로 원력이 없는 삼매라고 합니다.

어떤 수행을 하든지 어려운 것은 다 마찬가지입니다. 업의 특성에 따라가는 것은 쉽지만 업의 특성에 거슬러 가는 삶, 곧 '내가 사라진 삶'은 어느 경우에나 쉬울 수 없습니다. 공부할 때 나타나는 마장은 '업이 사라지는 것에 대한 저항'이라고 할 수 있습니다. 그래서 '도가 높으면 마도 따라서 높아진다'고 합니다. 환멸문으로 제대로 들어가려는 사람은 누구나 다 어렵습니다.

무엇이 되겠다는 생각을 하지 말고, '죽을 때까지 오로지 화두만 하겠다, 또는 절만 하겠다'고 생각해야 합니다. 무엇을 얻으려고 하지 말고 일생 동안 그 일을 하는 것, 공부를 하는 것이 공부를 다 하여 마친 것인 듯 사는 자세가 필요합니다. 무엇인가 얻으려는 마음이 강해질수록 공부하기가 어려워집니다.

어떤 사람은 자기도 모르게 끊임없이 공부하면서 사는데, 그 사람은 수행이 자기의 업이기 때문에 공부가 쉽습니다. 그러나 그렇지 않은 사람들은 공부하기가 쉽지 않습니다. 공부하면서 어려운 일들이 생길 때, 그 가운데 '나'를 세우지만 않으면 어려운 가운데 공부가 잘 되는 것입니다. 그런데 순조롭게 공부하는 가운데 '나'를 세운다면, 사실은 공부가 잘 되지 않는 것입니다. 이때는 스스로 판단하지 말고 한 발이라도 앞서 간 스승에게 물으면서 끊임없이 공부해야 합니다.

◉ '관자재'란 무엇입니까?

관자재란 '관이 자재한 보살' 또는 '자재를 관하는 보살'입니다. 관이 자재한 사람은 일어나는 한 생각을 명확히 보아서 삼독심으로 이어지는 것을 끊어 평온한 마음을 유지합니다.

지금까지는 탐심의 흐름이 오면 탐심에 따르고, 진심의 흐름이 오면 진심에 따라 마음이 흔들렸습니다. 이러한 마음의 흔들림이 다음으로 이어지는 것을 끊는 힘이 생기면, 즐거워서 들뜨거나 싫어서 들뜨는 것이 사라집니다. 이러한 힘이 있는 수행자를 '관이 자재한 보살'이라고 합니다.

그러면서 이제 사물을 형상과 이름에 따라 정해진 것으로 보지 않습니다. 그러한 모든 견해로부터 자유로워집니다. 지금까지 쌓아온 업에서 벗어나 자유롭게 삶을 보는 능력을 '자재를 관한다'고 합니다. 모든 것을 조건에 따른 일시적인 현상의 변화로 보게 되면서 지금까지의 고정된 생각에서 벗어나게 됩니다. 이렇게 삶의 다양한 모습을 보는 것이 자재를 관하는 것입니다. 상이 일어날 때마다 공을 떠올려 실체가 없는 줄 알아차리는 것입니다.

6. 삶을 밝고 빛나게 하는 보살

어떤 경전을 공부하더라도 마찬가지이지만 『반야심경』을 공부하는 데 중요한 것은 '수행 방법에 대한 정확한 이해와 이를 직접 익히는 것'입니다. 『반야심경』의 주제는 '반야바라밀을 닦는 것'입니다. 비록 육바라밀 가운데 하나이지만, 반야바라밀이 삶 전체에 녹아 있어야 하기 때문에 반야바라밀 속에 모든 수행 방법이 다 녹아 있다고 할 수 있습니다. 반야는 지혜이고 바라밀은 완성으로서 반야바라밀이란 '지혜의 완성'을 뜻합니다.

이때 지혜의 완성이란 미세 망상의 주된 세력인 아상의 실체가 없는 줄 확실히 체험하면서 아상에 의한 삶이 연기 실상의 '함께 사는 아름다운 모습으로 열린 것'을 뜻합니다. 이것을 '열린 마음'이라고 합니다. 이 때문에 『반야심경』의 첫머리에서 '깊이 반야바라밀을 닦는다'고 합니다.

마음이 열려서 '나'가 사라져야만 올바른 수행자입니다. 마음이 열려 '나'가 사라지면 저절로 자비로움이 일어나게 됩니다. '무아와 자비'는 늘 같이 일어나기 때문입니다. 보살은 무아로써 자비행을 하는 분입니다. 그래서 불교를 수행하는 사람들은 누구나 다 보살입니다. 따로 대승을 공부해서 보살이 아니라, '마음을 열고 나를 비우는 행동을 하는 사람'들은 누구나 보살입니다. 이들은 자재를 관하는 사람, 곧 마음의 비움을 통해서 삶의 다양성을 인정하고 함께 사는 아름다운 세계를 여는 수행자입니다. 보살이란 특수한 단체의 수행자만을 말하는 것이 아니라, 열림[반야]의 완성[바라밀]을 닦아 나가는 분을 말합니다.

"깊이 반야바라밀을 닦는다"는 말은 '분별의 근원인 종자까지 바꾸는 것'입니다. 일상에서는 물론 깊은 잠 속에서까지 자아의식의 분별이 사라진 것이 깊은 수행입니다. 깊은 잠 속에서도 제7식인 자아의식이 끊임없이 이어지기 때문입니다. 그런데 '깊숙이'라고 하지만 그것은 언제나 밖으로 드러나기 마련입니다. 드러남 가운데 그 밑바닥에 있는 종자까지 변화했을 때 비로소 수행이 익어 갑니다.

드러난 분별이 이어지지 않으면 수행이 익으면서 마음 깊이 들어 있는 미세한 종자까지 사라져 갑니다. 계속 수행하여 미세 망상이 완전히 사라져 안팎이 밝게 뚫리면, 그 영향력으로 삶의 완전한 전환이 일어나면서 수행이 완성됩니다.

미세 망상은 거친 번뇌와 상대할 때 미세 망상입니다. 거친 번뇌를 다스린 수행자에게는 보통 사람의 미세망상이 거친 망상입니다. 수행이 깊어지면서 만나게 되는 것은 언제나 가장 거친 번뇌가 되기 때문에, 근본 번뇌인 무명까지도 거친 번뇌로 만나게 됩니다.

깊고 깊은 수행에서는 무명만이 거친 번뇌이기 때문입니다. 마지막 무명을 다스리게 되면, 그 가운데 완전한 열림이 이루어져 우리의 삶을 밝고 빛나게 하는 사람이 됩니다.

마음이 열려 진실로 '빈 마음으로 하나 된 생명이 드러나는 것'을 깊음이라고 합니다. 이때 '함께 어울림 속에서 다양성을 긍정하는 것'이 '밝게 빛나는 마음'으로, 이는 이상이 사라진 아름다운 삶입니다. 여기에서 부처님께서 45년간 설법을 하시고도 "한 말도 한 적이 없다"고 하신 뜻을 알 수 있습니다. 또 우리가 '경전을 어떻게 읽어야 할 것인지'를 분명히 알 수 있습니다. 우리 중생의 업에 따라 부처님께서 팔만사천법문을 말씀하셨지만, 우리는 말의 한계성을 잘 알고 경전을 읽어야겠습니다.

그렇지 않으면 말의 한계성에 빠져서 저마다 경전의 우열을 따지거나, 좌선하면 최고이고 경전을 보면 최고가 아니고, 출가는 최고이고 세속에 있으면 최고가 아니라고 생각합니다. 이런 태도는 모두 근본을 잃은 것이며 중요한 것은 우리의 '삶에서 순간순간 경전의 가르침이 살아나는 것'입니다.

그렇지 않다면 형색과 말에 막혀 실상을 볼 수 없습니다. 불교 경전이 한꺼번에 중국으로 들어가면서 혼란이 왔기 때문에, 이것을 정리하기 위해서 중국에서는 경전을 내용에 따라 분리하고, 종파에 따라서는 높고 낮은 단계로 경전을 분리하게 됩니다. 그 동안 우리는 그와 같은 갈래지음을 그대로 받아들여 진실이라고 믿었습니다. 그러나 모든 경전은 높고 낮음이 정해져 있는 것이 아니라, 그 경전이 쓰여진 시대 상황에 따라 부처님 말씀을 다르게 전하고 있을 뿐입니다.

경전을 보면서 '경전의 실체가 없다'는 뜻을 즉각 알아차려 우리의 삶을 바꾸려고 하지 않는다면, 오히려 우리의 삶이 경전에 얽매이게 됩니다. 예를 들어 어떤 이는『법화경』이, 또 다른 이는『화엄경』이 가장 좋다고 서로 주장하는 것과 같습니다. 스스로 좋다고 여긴 것까지는 별 문제가 없지만 다른 사람이 좋아하는 것이 자기가 좋아하는 것보다 못하다고 생각하면서 오히려 경전의 가르침에서 멀어지는 것입니다. 이것은 '경전이 지금 나의 삶에서 어떻게 드러나는가'라는 가장 중요한 문제를 놓친 것입니다. 이와 같은 이해로 경전의 높고 낮음을 가리는 것은 단순히 말을 비교하는 것이며, 다만 분별의 명언 종자를 키울 뿐입니다.

7. 오온·십이처·십팔계는 없습니다

"이런 까닭에 공 가운데에 오온은 없으며, 오온의 현상이 있다 하더라도 무無로서 오온이다. 마찬가지로 십이처는 없으며, 십이처가 있다 하더라도 무로서 십이처이고, 십팔계는 없으며, 있다 하더라도 무로서 십팔계이다[是故 空中無色 無受想行識 無眼耳鼻舌身意 無色聲香味觸法 無眼界 乃至無意識界]."

'오온·십이처·십팔계는 우리 삶의 근원'이라고 했습니다. 눈으로 보고 귀로 듣고 생각을 하면서 사는 것이 우리의 삶입니다. 곧 다섯 가지 근본 요소인 오온에서 일어나는 갖가지 활동, 보는 눈과 보이는 색 등의 12가지 관계에서 일어나는 활동[십이처], 그 12가지 관계에서 보면서 아는 것, 또는 생각하면서 아는 것 등을 강조한 십팔계의 관계에서 일어나는 활동[십팔계]이 우리의 삶입니다.

오온·십이처·십팔계로 이루어진 우리의 삶이란 '제약되고 조작된 법'을 바탕으로 합니다. '분별과 자기 한정'인 업에 의해서 만들어진 삶입니다. 한정된 '나'를 통해서 보는 주체와 보이는 대상으로 나누어져 서로 관계없다는 듯이 사는 것이 업에 따른 중생의 삶입니다.

십이처에서 '처處'란 '마음, 생각이 활동하는 길'이며, 생각이란 분별에 따라 작용하게 됩니다. 반면 '이런 까닭에 공 가운데'에서

'공'이란 분별을 벗어나 빈 마음으로 하나 된 삶을 뜻합니다. 업에 따른 분별된 한계를 벗어나기 시작하면, 이미 제한된 영역만의 눈이라는 생각을 벗어나게 됩니다. 그러나 지금까지는 '눈은 눈'이라는 생각만 했지, 한정된 상황에서 눈과 대상이 서로 상대하여 일어나는 작용이라고 생각하기 어려웠습니다. 곧 '눈과 대상이 분별하는 마음에 의해서 구성되었으며 한정되었다'고 생각하지 못했습니다.

그런데 공의 세계를 경험하면서 지금까지 눈으로 보고 분별했던 범주를 벗어나고, 지금까지 귀로 들어 왔던 범주를 벗어납니다. 그러면서 '일반적인 우리의 눈과 귀는 한정된 것'임을 알게 됩니다. 그러한 인식의 전환이 순간적으로 일어나 무아·무상·고를 확실히 체험하면서 모든 한계가 사라지면, 중생으로서의 오온의 역할이 사라지는 동시에 십이처나 십팔계의 나눔도 사라집니다.

십팔계에서 '계'란 '자기 특성을 가진다'는 말로서 성의 다른 말입니다. 안계란 눈으로 제한된 특성을 가진 영역이고, 색계란 색으로 제한된 특성을 가진 영역입니다. 안식계란 제한된 눈과 제한된 색이 어울려서 안식이라는 장면을 만들 때 안식 특유의 특성을 가진 장면을 만드는 것입니다. 나머지 감각 기관에 의한 짝들의 관계도 이와 같습니다. 십팔계 가운데 여섯 번째 짝으로 의계와 법계와 의식계가 있습니다.

의계는 분별된 '나'라는 생각을 일으키는 바탕으로 '나와 나 아닌 것을 나누는 특성'을 가지고 있습니다. 이러한 의의 특성으로 나누어진 것 가운데 '나'와 상대되는 '나 아닌 다른 세계'가 법계입니다. 그런데 '나와 너'를 나누면서 실은 '너'만 대상이 되는 것이 아니라

'나' 자신도 대상이 되고 맙니다. 생각의 대상이 '나'로 되면서 '나' 자신을 잃기 때문에, '나'라는 생각은 실상 '나' 자신일 수 없으며, 이미 다른 사람으로서 '나'가 되어 있습니다.

'나와 너'의 분별이 있는 순간은 '나'로서도 '너'로서도 살지 못하게 되는데, 이를 소외라고 합니다. 자기 스스로 열심히 사는 것 같지만, 한 번도 자기 자신으로 살지 못하는 것이 의계를 바탕으로 한 삶입니다.

의계는 '나' 자신을 세우는 바탕인 동시에 '나' 자신을 소외시키기 때문에 삶을 불만족스럽게 만들게 됩니다. 모든 생각마다 이미 '나' 자신의 참된 삶인 연기 실상을 떠나 있기 때문에, 자기중심으로 사는 것 같지만 사실은 스스로를 대상으로 만드는 어리석은 삶을 살게 됩니다. 이것이 소외된 '나' 자신인 의계와 소외된 대상인 법계가 만나 이루어진 모순된 생각의 흐름[意識界]입니다.

그러므로 의계와 법계의 만남에서 이루어지는 의식계인 생각의 세계는, 분별과 그 분별에 의한 선악 시비가 일어난 것이므로, 삶에서 서로 소외될 수밖에 없습니다. 이러한 의식계가 감각 기관에서 일어나는 만남마다 '나'의 색깔을 입히게 되어 분별과 소분별을 더욱더 키우게 됩니다.

그러면 의와 상대하는 법과, 눈과 상대하는 색은 어떤 차이가 있습니까? 우리가 색을 볼 때 반드시 의를 동반하여 '나의 눈으로 대상인 색을 보게' 됩니다. 곧 '나'와 '눈'과 '대상'으로 나누어져 있습니다. '나'라는 생각에 의해서 대상 자체가 이미 '나' 밖의 대상으로서 파악됩니다. 이것은 색은 색이되 분별을 동반한 색, 곧 법화法化

된 색입니다. 분별을 동반한 색을 색의 법화라고 합니다.

법화된 색을 보면서 일어나는 지각에는 이미 '의라는 자기 중심적 사고'를 동반하고 있습니다. 항상 '나'라는 생각이 동반하여 일어나면서 대상은 '나'가 아닌 것이 됩니다. 대상을 '나' 아닌 다른 것으로 여기는 것이 곧 색의 법화, 색의 분별, 색의 대상화를 이루는 것입니다. 이것은 '나'로부터 대상만 소외시키는 것이 아니라, 나아가 대상과 '나' 스스로도 연기 실상의 삶에서 소외되는 것입니다. 다른 감각 기관에서 일어나고 있는 것도 이와 같습니다.

그런데 감각 기관을 통하지 않더라도 생각이 일어나는데, 이것을 의식계라고 합니다. 의는 스스로 '나'와 '대상'을 나누어 작용하기 때문입니다. 눈이나 귀를 통하지 않더라도 의의 대상이 의意 속에 이미 들어 있기 때문에, 마음속으로 모든 것을 생각할 수 있습니다. 우리가 분별하고 판단하는 모든 작용은 의계와 법계와 의식계에서 일어나게 됩니다.

그러나 십팔계에서 일어나고 있는 모든 작용은 선악 시비 분별을 중심으로 하므로 한꺼번에 묶을 수 있습니다. 왜냐하면 '눈을 통해서 작용하느냐, 귀를 통해서 작용하느냐'의 내용만 다를 뿐, 실제로는 의를 중심으로 한 생각에서 벗어나지 못하기 때문입니다. 이러한 의를 중심으로 한 중생의 분별하는 삶을 십팔계라고 합니다.

그런데 공을 체험한 삶에서는 이러한 의의 분별을 떠나게 됩니다. '분별을 떠난다'는 말은 만남의 관계 속에서 나·너 없이 '빈 마음으로 하나 됨 속에 사는 것'입니다. 『반야심경』에서 말하는 없음[無]이란 '일상생활 가운데 그러한 삶이 녹아난 것'을 말합니다. 관자재 보살에서 관이 '빈 마음의 하나 된 삶을 실천하기 위한 수행'을 말하는 것과 같습니다. 이것을 잃지 않고 생각 생각으로 이어가는 것이 사유로써 수행하는 것[禪那:思惟修]이며, 염염상속念念相續입니다.

따라서 선수행이란 사유가 우리 몸에 익어서, 학습·비판적 사유·수행의 세 가지 혜가 완성된 것을 말하며, 이때 비로소 공이 공으로서 살아나게 됩니다. 만일 공을 사유로만 안다면 공은 다시 법화되고 맙니다. 마치 부처님 법을 듣고도 우리의 삶을 변화시키지 못한다면, 나중에는 부처님 법도 생각에 의해 대상화된 법이 되고 마는 것과 같습니다.

그래서 『금강경』에서는 "나의 가르침을 뗏목으로 알아라"라고 합니다. 곧 강을 건너고 난 뒤에는 뗏목을 짊어지고 다니지 말라는 뜻입니다. 이것은 '가르침이 일상에서 살아 있어야 한다'는 것으로 즉각 '나'가 공화空化되고 무화無化됐을 때 비로소 『금강경』의 말씀을 이해하게 된다는 것입니다. 그러므로 "『금강경』의 어느 구절은 이렇다"고 하는 것보다는, 우리의 '몸과 마음 가운데 그 가르침이 그대로 살아나도록 하는 것'이 더 중요합니다. 그렇지 않다면 아무리 『금강경』을 외우더라도 늘 '자기중심적인 사고인 법화' 속에서 사는 것입니다.

오온·십이처·십팔계를 나눈 것도 같은 이유입니다. 사람마다 업이 다르기 때문에 부처님의 말씀 가운데 자신의 삶과 잘 맞는 것부터 이해하게 됩니다. 업에 따라서 저마다 오온으로, 십이처로, 또는 십팔계의 설명을 통해서 삶을 더 잘 이해하게 됩니다. 이들 나눔은 삶을 올바로 알기 위한 방편이기 때문에, 순간순간 만남의 장에서만 저마다 뜻이 있는 것입니다. 이들 가르침은 어떤 실체가 아니며, 빈 마음의 삶을 이끌어 내는 방편일 뿐입니다.

불교에서는 '지금 여기의 삶'이 주제가 됩니다. 그런데 일상의 우리 삶은 '앎'이 중심이 됩니다. 보면서 알고 들으면서 알고, 생각하면서 아는 것 등이 우리의 일상입니다. 곧 만남에서 일어나는 변화인 '앎'을 오온이나 십팔계 등으로 나누어 설명했다고 할 수 있습니다.

앞에서 말했듯이 십이처나 십팔계의 특성은 유위법입니다. 이것은 중생의 삶을 이루는 업의 특성입니다. '깨달은 분'들은 유위법인 업의 특성이 사라져 무위법인 공의 세계에서 사십니다.

깨달음의 세계인 무위·무분별에서 보면 중생 입장의 십이처나 십팔계는 뜻이 없어집니다. 무위법에서는 유위법의 제약에 의해서 일어나는 십이처나 십팔계의 나눔은 없어지기 때문입니다. 이러한 제약된 법이 상속되는 과정을 다섯 가지, 여덟 가지, 열두 가지, 또는 열다섯 가지 등으로 이야기하다가, 나중에 열두 가지로 자리잡은 것이 십이인연법 또는 십이연기입니다.

8. 십이연기도 없습니다

십이연기도 두 가지 특징이 있습니다. 하나는 중생의 삶으로 흐르는 것이고, 또 하나는 중생의 삶을 거슬러서 깨달음으로 가는 것입니다. 중생의 삶을 말하는 것은 유전문流轉門이고, 중생의 삶에서 벗어나 성인의 삶으로 들어가는 것은 환멸문還滅門입니다. 그러므로 『반야심경』에서 "십이연기도 없으며 십이연기가 다함도 없다"는 말은 환멸문이 완성된 것을 말합니다. 그러나 중생업이 다한 사람에게만 업이 없는 것이지, 중생업이 있는 사람은 늘 십이인연 속에 놓여 있습니다.

중생업이 다한 사람에게는 생멸 연기가 있을 근거가 없게 됩니다. 십이인연은 업에 따라서 만들어진 삶의 길이기 때문입니다. 만일 십이연기의 하나하나가 자기 성품을 가지고 있다면, 어떤 중생이라도 부처가 될 수 없습니다. '중생이 부처가 된다'는 것은 중생의 특성이 사라지는 것을 뜻하기 때문입니다.

중생의 삶이란 오온·십이처·십팔계·십이인연인데, '중생이 부처가 된다'는 말은 중생의 삶을 구성하는 오온 등이 영원히 변하지 않는 속성을 가진 것은 아니라는 뜻입니다. 중생의 특성은 그 바탕이 무無일 수밖에 없습니다. '무일 수밖에 없는 것이 잠깐 모였다 흩어지는 것'을 가법假法이라고 합니다. 그러므로 중생의 세간은 진실한 것이 아니라 꿈과 같고 이슬과 같다고 합니다.

십이인연은 무명·행·식·명색·육입·촉·수·애·취·유·생·노사의 열두 가지입니다. 이것은 '중생의 삶에 대한 전체적인 상속'을 말하는데, 여기에는 시간과 공간을 동시에 포함합니다. 불교의 기본 진리는 '모든 삶은 무상하다'는 것인데, '무상하다'는 것은 '순간마다 다른 모습의 흐름'이라는 뜻입니다. 사실 '무상을 안다'는 것은 곧 '해탈'을 의미합니다. 해탈 세계를 나타내는 말이 무상·무아·열반 등이기 때문입니다.

해탈과 상대되는 말이 윤회입니다. 윤회란 '아집의 상속'으로, 영원성을 가진 '나'가 존재한다고 집착하는 흐름입니다. 따라서 윤회하는 한 늘 '나'가 있게 됩니다. 만일 이 '나'가 단지 집착에 의해서 이루어진 분별임을 알게 된다면 그 순간 무상·무아를 보게 되는데, 이를 해탈이라고 합니다. 모든 망상은 '나'가 존재한다는 생각에서 생기는 갖가지 다른 모습입니다. 그것을 '나의 소유'라고 합니다.

'나와 나의 소유'의 흐름인 유전문의 십이인연은 중생의 삶에 대한 전체 모습이기 때문에, 12가지 저마다의 모습에 다른 11가지를 함께 담고 시간과 공간을 통해 왜곡되고 있습니다. 12가지가 순간순간의 삶 속에 같이 있지만, 어떤 때에는 육입六入으로서의 특성이, 어떤 때에는 수受로서의 특성이 가장 강하게 나타납니다. 수의 작용이 일어나는 순간에 무명부터 노사까지가 수에 같이 들어 있습니다. 이 수도 자기 특성을 가지고 애愛라는 특성과 연결되어, 다음 찰나에 수가 애 속에 그대로 살아 있습니다.

무명이란 근본 분별의식입니다. 우리에게는 누구나 '나는 나고 너는 너'라는 생각이 늘 일어나고 있습니다. 자기도 모르게 '나는 나고 너는 너'라는 분별이 들어 있는 것을 무명이라고 합니다. 이러한 분별이 '애로부터 일어나는가, 수로부터 일어나는가'에 따라 다르지만, 기본적으로 '나는 나고 너는 너'라는 생각을 가지고 순간순간 살아가는 것입니다.

후기 불교로 올수록 '모든 사람이 부처'라고 강조합니다. 그러다보니 사람들은 흔히 "본래 부처인데 왜 중생이 되었습니까?"하고 묻습니다. 이것은 우리의 분별로 '부처와 중생'이라는 상대적 관계를 통해서 세상을 보는 것이므로, 이런 질문 자체가 무명의 다른 표현이 됩니다. 또 "본래 청정했는데 지금은 왜 청정하지 않았습니까?"라는 질문도 마찬가지입니다. 이것도 분별심으로 '전후'와 '청정과 불청정'을 나누고 있습니다.

이러한 분별심이 십이연기의 저마다의 모습에 들어 있습니다. 이 질문의 목적은 무명을 없애려는 것이지만, 오히려 그 질문을 통해서 무명 자체를 키우게 됩니다. 이러한 분별은 끊임없이 자기 자신을 이어가는데, 이러한 분별심이 늘 이어지는 것이 行입니다. 분별이 일어난 순간마다 언제나 그 장면을 분별하여 아는 장면으로 만드는 것입니다. 한 장면에서 '분별하는 특성[無明]이냐, 분별이냐 [行]'로 나누어지는데, 이는 한 장면의 다양한 모습입니다. 이러한 분별은 명색名色, 곧 마음과 몸에서 일어나고 있습니다. 명색은 육근을 통해서 분별의 길을 만드는데, 이것이 곧 육입六入입니다. 무명·행·식·명색·육입까지는 분별의 장으로서 식의 특징입니다. 이 분별의 장을 심왕心王이라고 합니다. 심왕이 일어나면서 마음의 작용[心

所]이 따라 일어납니다.

촉觸이란 두 가지가 그냥 만난다는 말이 아닙니다. 분별하는 가운데에 '나와 대상이 계속해서 접촉하기 위하여 상황에 맞게 근이 변하면서 작용하는 마음의 작용을 촉'이라고 합니다. 접촉이 일어나면 그 접촉 가운데 좋은 것은 자기 것으로 하려고 하고, 싫은 것은 자기 것으로 하지 않으려는 마음이 일어납니다. 그것을 수受라고 합니다. 좋든 싫든 일단 '나'와 대상의 관계로서 받아들이는 것이 수로서, 자기 것으로 하려는 소유와 자기 것으로 하지 않으려는 소유의 마음 작용입니다.

애에는 애愛와 불애不愛의 두 가지가 같이 들어 있습니다. 육입에는 내육처와 외육처, 곧 육근과 육경이 같이 들어 있습니다. 예를 들어 육입 가운데 하나인 '눈이 있다'는 말은 눈만 있는 것이 아니라, 반드시 '눈에 상대되는 색이 있다'는 것을 전제로 하고 있습니다. 또한 대상은 눈이 가지고 있는 한계만큼만 보이게 되니, 대상을 보는 것이 아니라 눈에 의해서 재구성된 대상을 보게 됩니다. 그렇기 때문에 육입六入은 그 자체로 이미 근根과 경境을 한계 짓게 됩니다. 마찬가지로 애, 곧 '좋아하는 마음' 가운데에는 반드시 불애, 곧 '싫어하는 마음'을 같이 가지고 있습니다. 애·불애는 늘 같이 따라다니는 마음 작용입니다. 그래서 애도 취하고 불애도 취합니다. 취에는 탐심으로 가지려고 하는 소유욕, 진심으로 멀리 하려는 소유욕이 같이 있습니다. 우리 마음 가운데 싫어함을 소유하고 좋아함을 소유합니다. 그래서 애도 가지고 있고 불애도 가지고 있는 것을 취라고 합니다.

이와 같은 것을 통해서 자신이 살아 있음을 느낍니다. 무엇을 좋아하고 무엇을 싫어하고, 무엇을 받아들이고 무엇을 배척하고, 또 '나는 나고 너는 너'라는 마음의 작용들이 이어지면서 '나'의 존재 의식을 느낍니다. '나'라는 존재의식이 바로 유有입니다.

이러한 과정을 마음의 작용[心所]이라고 합니다. 심왕과 심소는 언제나 한 찰나에 같이 상응해서 일어나게 됩니다. 이와 같이 심왕과 심소가 찰나에 함께 일어나는 것을 생生이라고 하고, 찰나에 함께 사라지는 것을 노사老死라고 합니다. 여기서 '일어나고 사라짐은 8식의 장면들이 끊임없이 바뀌는 것'을 뜻합니다. 찰나마다 안식眼識의 장이나 이식耳識의 장 등 다른 장면이 끊임없이 이어지는 것입니다.

이때 안식의 장이 사라지는 것은 멸이지만, 이식의 장이 생기는 것은 생입니다. 그러나 엄밀한 의미에서 안식의 장과 이식의 장은 몸 전체의 활동이라고 할 수 있습니다. 왜냐하면 우리에게 안식과 이식에 대한 분별만 사라진다면, 안식의 장이 사라지는 것이 멸이 아니며 이식의 장이 생기는 것도 생이 아니기 때문입니다. 마치 우리가 숨을 쉴 때 들숨과 날숨이 완전한 생명의 한 현상인 것과 같습니다. 이와 같이 각 식의 변화 또한 완전한 생명의 현상으로, 그것 가운데 어느 하나라도 몸을 떠나면 존재할 수 없습니다.

나아가 마음과 몸의 관계, 사람과 환경의 관계 및 우주의 관계도 이와 같습니다. 우리가 분별심을 떠난다면, 지금 이대로 완전한 우주 생명의 표현일 뿐 생과 사가 따로 있을 수 없습니다. 따라서 십이인연을 관하는 것은 분별에 의한 모든 사견을 다스려서 잘못된 견해[癡心]를 없애는 데 알맞습니다.

무명으로 인한 십이인연의 특성은 분별에 있습니다. 분별을 통해서 '나는 나라고 느껴야만' 우리는 살아 있다고 생각합니다. 이것은 분별에 의하여 '나'를 세운 것으로서, 이러한 자기의식이 유有입니다. 분별을 통해서 '나'의 존재를 느끼는 것입니다. 그런 분별을 통해서 재財·색色·식食·명名·수壽의 오욕이 일어납니다. 곧 재물·이성·음식·명예·목숨에 대한 욕심 등이 자기 존재의 이유입니다. 왜냐하면 '나는 절대 너일 수 없다'는 생각은 '나'의 소유를 통해서 충족되기 때문입니다. 그러나 이것은 '연기 실상의 춤사위, 우주 전체가 하나로 어울림'만이 우리의 참된 삶임을 놓친 것입니다.

그런데 십이인연의 역관과 순관을 통해서 생사의 분별이 사라지자, '나'라는 존재의식이 사라졌습니다. '나는 너와 더불어 함께 살기 때문에' '나'는 '나'일 수밖에 없어서 일어났던 존재의식인 유가 사라집니다. '유가 사라진다'는 말은 소유의 주체인 '나'의 존재가 없는 것이며, 따라서 나의 소유를 말하는 취나 애가 일어날 수 없습니다. 이와 같은 역관을 무명까지 계속합니다. 근본 분별인 무명이 허상임을 즉각 아는 인식의 전환을 통하여 십이지 전체가 환멸하게 됩니다.

생사가 온 곳을 더듬어 멸해 가는 역관의 환멸이나, 분별로부터 생사가 일어난 것을 알아차려서 분별부터 없애가는 순관의 환멸, 모두가 십이인연을 관의 대상으로 한 수행법입니다. '근본 분별이 사라진다'는 것은 '무명이 사라지는' 동시에 '생사가 끊어짐'을 뜻합니다. 환멸에 의해서 '십이지의 한 대목에서 진정한 인식의 전환'이 일어나게 되어 있습니다. 그것은 앞서 이야기했듯이 십이지의 하나하나마다 나머지 열한 가지를 다 포함하고 있기 때문입니다.

오랜 역사 이래 사회 전체가 모두 분별의 생사업만 키워 왔으며, 이는 한 사람의 생사윤회를 확대한 것과 같습니다. 이 때문에 사회와 개인이 서로 생사의 십이인연을 키우는 것이 우리의 일상입니다. 우리 마음과 마음의 활동에 의해서 결정된 생각의 일어남과 사라짐이 다음 찰나에 끊임없이 분별을 키워 갑니다. 이때 이 생각을 놓지 않으면, 분별의 장면 속으로 끊임없이 빠져들게 됩니다. 그래서 우리는 늘 유의 자기 존재를 내세우려는 습성 속에 빠져 고와 집만 키웁니다. 그렇기 때문에 환멸에 의한 삶의 전환, 전환이라기보다는 '스스로 온삶으로 있음'을 즉각 드러내야겠습니다.

9. 사제도 없습니다

사제도 없습니다[無苦集滅道]. 집집이란 '분별에 의해서 자기의 존재 의식이 강하게 드러나 있는 상태'입니다. 순간순간 '나는 나'라는 강한 의식이 일어나 그것이 커지고 지탱이 잘 되면 살 만하다고 생각합니다. 스스로 편안함을 느끼면서 아주 잘 사는 것 같습니다. 그러나 이것은 사실 '나와 너를 나누는 분별로 일어나는 존재의식'에 지나지 않습니다.

우리는 숨을 쉬지 않으면 살 수 없습니다. 삶에서 공기와 '나'를 분리할 수 없습니다. 나아가 '나'와 물의 관계, 부모형제 및 이웃들도 삶에서 분리할 수 없습니다. 이들 모두는 '공상空相으로서 일상一相'인 관계입니다.

우리는 모기나 파리나 병원균 등이 지구에서 한꺼번에 없어진다면, 사람이 살 만한 세상이 될 것 같다고 생각할 수 있지만 그렇지 않습니다. 그런 것이 모두 사라지게 되면 사람도 죽게 되어 있습니다. 다른 생물들이 살 수 없는 환경이 된다면, 우리도 맑은 공기를 마시거나 깨끗한 물을 마실 수 없게 됩니다.

사람을 중심으로 한 산업 구조에서는, 얼마 전까지만 해도 땅과 공기 같은 자연 환경은 생각 밖이었으며 크게 문제가 된 적도 드물었습니다. 그러나 오늘날에는 환경오염 문제를 통해서 땅과 공기가 "나와 당신은 한 몸이요"라고 가르칩니다. 지금까지 사람은 사람이고 땅은 땅이고 공기는 공기였습니다. 그런데 공기가 살지 못하게 되면서 사람도 살지 못하고, 땅이 살지 못하게 되면서 사람도 살지 못하고 있습니다. '나는 나고 공기는 공기'라는 것은 분별된 자아의식을 바탕으로 하는 집集에 의해서 나누어진 소외를 나타냅니다.

자아의식인 집集 때문에 '나도 살 수 없고 공기도 살 수 없는' 결과가 옵니다. '서로 살 수 없게 됨을 느끼는 것'을 고苦라고 합니다. 서로가 서로에게 소외되어 있을 뿐만 아니라, 근원적으로 '삶의 바른 모습에서 모두 소외되어' 고가 일어납니다. 소외가 되면서 서로가 더욱 살기 힘들게 되는데 이것은 '나는 나, 너는 너'의 분별이 더 강해진 것입니다. 그러다 보니까 '나의 집'이라는 울타리를 벗어나게 되면 불안해 합니다. 여기서 '집이란 나만의 존재의식이 조금 확대된 공간'을 말합니다. 그것은 연기 실상의 전체적 삶이 아닌 소외된 삶이며, '나'를 고통스럽게 합니다.

다음에 멸도滅道입니다. 개인과 사회 전체의 삶을 불만족스럽고 고통스럽게 만들기 때문에 집集인 '나만의 존재의식'은 사라져야 합니다. '나는 나, 너는 너'라는 존재의식이 사라지면 무명이 없어지게 됩니다. 멸도란 고집을 상대로 한 환멸문이므로 '나'만의 존재의식을 키워 가는 유전문이 사라지면 환멸문 자체도 아무 뜻이 없습니다. 따라서 고집이 없어지면 멸도도 필요 없게 되므로 '사제가 없다'고 합니다. '하나 된 아름다운 삶'에는 유전과 환멸의 상대가 완전히 사라지기 때문입니다.

'나'만의 삶이 사라진 공 가운데에는 온갖 시비 분별도 사라집니다. 시비 분별이 사라진 사람은 무아의 세계에서 '나만의 눈, 너만의 눈'이 없이 삽니다. '공으로서 눈'은 생기지만 '나만의 눈'은 사라지게 되면서 여기에서 바른 견해가 서게 됩니다. 정견이란 '바른 견해, 바른 이해'로서 무아의 상태에서 '모든 견해가 사라진 것'입니다.

자기가 생각하는 틀 속에 다른 사람이 그대로 들어왔을 때에는 자기와 똑같은 흐름인 '자기 확인'이므로 이해할 필요가 없습니다. 또한 자신의 업과 너무 다른 사람에 대해서는 전혀 이해할 수가 없을 것입니다. 그러나 이해가 필요하다고 시작되는 것은 바로 이때입니다. 그리고 지금까지 도저히 이해할 수 없었던 것을 받아들인다면, 비로소 '이해한다'고 할 수 있습니다. 이때에는 자기 분별이 바뀌어 '나'의 것으로만 되어 있는 문을 열면서, 지금까지 이해할 수 없었던 것을 비로소 이해하기 시작하는 때이기 때문입니다.

'나'의 마음을 열어서 이해할 수 없었던 것을 받아들이기 시작할 때, 비로소 '정견'이란 말을 쓸 수 있습니다. '나'의 문을 열어 마음 가운데 자비로움이 일어나야만 비로소 바른 이해를 할 수 있습니다. '나'의 문을 연 것은 모든 견해가 사라진 것입니다. 사소한 견해라도 있다면 완전한 열림이 아닙니다.

그러므로 십이인연의 순관과 역관으로 모든 견해가 사라진 것이 곧 무명이 사라진 것입니다. 곧 '정견이란 완전히 열린 대자비'로, '나'의 견해가 설 수 있는 근거인 '나'가 완전히 사라진 것입니다. 이는 '무아의 연기 실상에 있는 삶'을 말합니다. 그러므로 정견이란 바른 견해를 갖는 것이 아니라 '모든 견해가 사라진 것'이며 여기에서 일어나는 생각이 정사유입니다. 이렇게 되었을 때 바로 고·집·멸·도의 사제도 없는 깨달은 삶이 됩니다.

● '택멸'에서 택에 대해 간단하게 설명해 주십시오.

택멸이란 '지혜에 의해서 번뇌가 소멸된 상태'를 뜻하며, 열반의 다른 이름입니다. 여기서 택은 '지혜, 곧 통찰력'을 가리키고 멸은 '번뇌의 소멸'을 말합니다. 『반야심경』에서 지혜란 '법계 전체가 무아無我'임을 꿰뚫어 아는 것을 말합니다. 여기서 보면 열반도 무아이고 번뇌도 무아이므로 그 바탕이 다를 바 없습니다.

'지혜가 없다'는 것은, 자신을 반조하지 않아 '나'가 존재한다는 확신에 따라서 활동하는 것입니다. '토끼 뿔, 거북 털'과 같은 '나'라는 생각은 오직 사유에 의해서만 세워진 것입니다. 택멸이란 한 생각이 올라올 때 즉각 공空임을 알아차려[擇] 그것의 작용이 이어지지 않게 하는 상태[滅]입니다. 반야에서 말하는 택멸은 '밝게 빛나는 마음의 온생명[空相]'입니다.

기분 나쁜 소리를 듣고 화를 내는 것은 '나'라는 분별과 판단을 근거로 한 '나'의 자존심을 건드렸기 때문입니다. 우리는 '나'라는 것이 어떤 것인지는 몰라도 언제나 '나'라는 생각이 붙어 다닙니다. 그럼에도 불구하고 '무엇을 나라고 할 것인가'에 대하여 구체적으로 알려고 하지도 않습니다. 우리 중생은 태어나면서부터 그렇게 태어납니다. 왜냐하면 "태어나는 근거인 업의 내용은 '나'를 중심으로 한 분별"이기 때문입니다. 그러므로 무슨 생각이든지 항상 '나'를 중심으로 일어나고 있습니다.

　생각 자체가 이미 '나'인데, 생각을 통해서 '나'가 무엇인가를 보려고 하니까 '나'를 볼 수가 없습니다. 생각 그 자체가 이미 '나'이며 '분별'입니다. 그래서 "마음을 비워라, 일체 분별을 떠나라"고 합니다.

◉ '마음'과 '생각'의 차이점은 무엇입니까?

초기 불교에서는 '마음'과 '생각'이 같은 뜻으로 쓰였지만, 후기로 가면서 '마음'과 '생각'과 '분별'의 세 가지를 구별했습니다. 우리도 모르게 우주 전체의 장에서는 끊임없이 생명의 교류가 일어나고 있지만, 지금 우리는 그것을 느끼지 못합니다. 우리와 우주 사이에 늘 생명의 교류가 일어나는 가운데 '나'밖에 모르는 생각도 끊임없이 일어납니다. 우리도 모르게 이러한 관계가 일어나고 있는 '앎의 장'을 마음[心], 제8식이라고 합니다.

　생각으로만 있는 세계인 '나'밖에 모르는 존재의식은 실체가 없습니다. 생각으로만 형성된 세계를 생각[意]이라고 하며, 이것은 제7식으로서 사량을 바탕으로 하기 때문에 사량식思量識이라고 합니다. 그와 같은 것에 의해서 시비분별이 일어나는 것을 식識이라고 하며, 이것은 제6식으로서 분별사식分別事識이라고 합니다. 눈을 뜨면 온갖 사물이 보이듯이, 의근意根과 법경法境이 만나 온갖 생각이 일어나는 것[意識]으로 일상의 우리 마음입니다. 여기에서 삼독심으로 따라가지 않는 것이 수행이며 삼매입니다. 한 순간 일어나는 생각에 집착이 있으면 번뇌로 사는 것이며, 집착이 없으면 곧 연기 실상의 삶으로 백천 삼매 속에 거니는 것입니다.

● 관하여 고요해지는 것과 무기는 어떤 것입니까?

지관과 관관을 말하면서 관에 대하여 말했는데, 여기서는 무기와 대비시켜 보겠습니다.

무기란 10무기 또는 14무기로 널리 알려져 있습니다. 이것은 시간과 공간 등의 궁극에 관한 것들로, 반드시 사유로써 이해되는 사유의 대상입니다. 그러나 이것은 '바른 사유의 대상'이 아닙니다. 시간의 처음의 처음, 끝의 끝, 공간의 한계 등은 사유가 있는 한 언제나 확장과 축소 등이 가능하며, 사유하는 사람의 방법과 목적에 따라 마음대로 설정할 수 있기 때문입니다. 부처님께서는 이 문제에 대하여 침묵으로 답하시고, 연기법의 설명으로 그 문제의 전제는 '토끼 뿔이나 거북 털'처럼 성립될 수 없다고 하셨습니다.

관관은 생멸인연상을 살펴서 그것이 '자성을 갖지 않는 연기 현상'임을 알아차리는 것이고, 우치심은 이를 알아차리지 못한 것입니다. 우리의 삶이 인연 화합의 연기임을 알지 못하고 분별하여 보는 치심이 일어나면서 갖가지 견해를 내게 됩니다. 이것은 14무기 등과 그 맥을 같이하는 것으로서, 견해를 세울 수 없는 데서 견해를 세운 것입니다. 이와 같이 한 생각이 일어난 순간, '생멸인연상의 연기를 모르는 것'이 무기입니다.

이것에 의해서 좋아하거나 싫어하게 되면 탐심과 진심을 키우는 것입니다. 이와 같이 '탐·진·치가 이어지는 것'이 중생의 행입니다. 또 수행을 하다 보면 어떤 분별이나 견해를 내세우지는 않지만, 생각이 일어나고 사라지는 '생멸인연상에 대하여 분명한 알아차림이 없을 때'도 있는데 이것 또한 무기입니다. 이것은 탐·진·치에 의한 흔들림 곧 생멸심은 없지만 그 가운데 관이 살아 있지 않은 것입니다. 무기공이나 악취공도 두 가지 의미가 있습니다. 하나는 '허무주의적 견해'이며, 또 하나는 '생멸심이 없는 가운데 관이 없는 경우'입니다.

여기서 알 수 있듯이, '관하여 고요해졌다'는 것은 관이 살아 있는 동시에 생멸인연상의 어떤 분별에도 빠지지 않아, 가지거나 버리지 않는 상태입니다. '고요한 가운데 생멸인연상의 연기 실상을 분명히 관하는 것'입니다.

◉ 망상은 어떻게 다스려야 합니까?

망상이 일어나면 '망상을 없애려고 하지 말고 망상이 일어나는 줄만 알아라'라고 합니다. 수행이란 '지금 일어나고 있는 분별하고 집착하는 마음의 상속을 다스리는 것'입니다. 곧 열반을 구하려는 탐심, 망상을 없애려는 진심, 연기 실상을 면밀히 알아차리지 못하는 치심을 일으키지 않는 것입니다. 그러면 망상이 다음 분별업을 일으키지 않아 수행이 되는 것입니다. 망상을 없애려는 것 자체가 진심 분별입니다. 이 때문에 망상이 일어날 때에는, 망상이 일어나는 줄 알면서 그 본성이 공함을 알아차려 탐심이나 진심으로 이어지지 않게 하는 것이 수행입니다.

'망상이란 본래 공함'을 아는 지혜가 없이, 망상이 일어나지 않도록 마음만 고요히 하려는 것은, 돌로 풀을 잠시 눌러 놓은 것과 같아 언젠가는 다시 망상이 일어나게 되어 있습니다. 망상이 일어나는 즉시 실상이 아님을 알아차리는 것이 생멸인연상을 알아차리는 '관 관'입니다.

● 한 가지에 계속 집중하면 망상이 없어진다는데 화두도 그러합니까?

'한 곳에 집중한다'는 말은 번뇌의 생멸심이 그치고 오로지 마음을 한 곳에 집중하여 주시하는 것을 말합니다. 화두를 들 때에는 반드시 의심이 일어나야만 됩니다. 의심이 없다면 화두로서 공능을 거의 갖지 못합니다.

어떤 공부든지 그것이 삶의 전부가 되어야만 합니다. 수행이 아니면 보지도 듣지도 말하지도 말고, '오로지 수행만이 삶'이라고 확신하면서 살아야만 수행이 됩니다. 주위의 온갖 것들에 마음이 끄달리거나 자기를 내세우려는 것은 수행인의 자세가 아닙니다. 수행인은 오로지 공부 그 자체에 생명을 내맡겨야 비로소 수행이 성취됩니다. 공부가 되지 않는다고 말하는 수행자는 많지만, 공부에 생명을 건 수행자는 별로 없습니다. 그러므로 공부가 제대로 되는 사람이 적을 수밖에 없습니다.

우리가 눈을 뜨면 세상이 보이는 것과 같이 순간순간 생각이 떠오릅니다. 이때 눈의 대상이나 생각들이 실재한다고 여기는 것은 우치심입니다. 그런데 생각이 떠오르는 순간 꿈과 같다고 여기면서 애착이 일어나지 않으면, 이때에는 생각이 번뇌로서 작용하지 않습니다. 생각을 끊으려고 애쓰는 것이 곧 망상으로서, 이것이 망상에 지고 있는 진심번뇌입니다. 그래서 『증도가證道歌』에서는 "망상을 제거하려고도 하지 말고, 진실을 구하려고도 하지 말라"라고 했으며, 『종경록宗鏡錄』에서는 "열반을 구하려는 것은 탐심이며, 번뇌를 끊으려고 하는 것은 진심이며, 인연 실상을 모르는 것은 치심"이라고 했습니다.

10. 여덟 가지 바른 삶의 길, 팔정도도 없습니다

지혜도 없고 얻음도 없습니다[無智亦無得]. 『반야심경』에는 무無자가 많이 나오는데, 이 무자는 그 안에 반드시 공을 동반합니다. 여기의 무란 어느 현상이 '있다, 없다'라는 유무有無의 무가 아닙니다. 여기에는 '팔정도도 없다'는 것이 포함됩니다. 팔정도에 대하여 잠깐 말씀드리겠습니다.

정견이란 우리가 비록 '혼자 있을지라도 그 속에는 이미 많은 만남들과 함께 있다'는 것을 아는 것입니다. 이와 같이 '많은 만남들과 함께 있는 것'을 연기라고 합니다. 혼자 떨어져 살아도 사회의 영향력을 함께 받기 때문에, 같은 시대 사람들은 거의 비슷하게 아는 힘을 갖게 됩니다. 혼자 있어도 많은 만남 속에 있기 때문에, 이 '만남 속에 자기 열림이 있느냐, 자기 열림이 없느냐'에 따라서 '바른 삶이냐, 바르지 못한 삶이냐'가 결정됩니다. 곧 불교에서 바름[正]이란 '모든 만남에서 자기 열림'을 전제로 합니다.

또한 '네 가지 성스러운 진리[四諦]를 보는 눈'을 정견이라고 합니다. '네 가지 성스러운 진리를 보는 눈'이란 중생의 근원에 있는 '나만의 삶'이 사라지는 것입니다. 여기서 다른 사람들을 이해해야 하는 당위성이 나옵니다. 다른 사람들을 이해하지 않고 내 멋대로 살아온 것이 오늘날 우리 중생들의 삶입니다. 이와 같은 삶은 아주 좁은 범위에서만 이해하면서 살게 되므로 개인이나 사회 모두가 편할 수 없습니다.

따라서 개인과 그 사회가 안고 있는 여러 가지 문제로부터 벗어나는 방법은 우리 삶을 이루고 있는 '분별의 눈, 곧 삶을 보는 눈을 바꾸는 것'입니다. 삶을 보는 눈을 바꾸는 것이란 '마음을 여는 것'입니다. 마음을 열어서 지금까지 이해할 수 없는 것을 받아들일 수 있는 눈을 갖는 것이 사제를 아는 것입니다. 이해할 수 없는 것을 이해할 수 있는 마음의 눈을 갖는 것, 나의 벽을 허무는 쪽으로 작용하는 것이 바름입니다.

정견은 '이해'라고 했는데, 이는 '삶에 대한 세밀한 관찰'을 뜻합니다. 이를 통해서 삶을 알기 시작하고 아는 만큼 삶이 소중해집니다. 이와 같이 '소중한 마음으로 삶에 대하여 생각하는 것'이 바른 생각[正思惟]입니다. 그러면 만나는 곳마다 풀 한 포기 돌멩이 하나라도 우리의 삶으로 있게 되어, '나만의 삶'에서 벗어나 '우리의 삶'으로 커지게 됩니다. 소중한 우리의 삶이 생각 생각마다 새록새록 솟아나는 것이 바른 생각입니다.

그러면서 탐·진·치로 가는 업의 흐름에 따르지 않고, 나의 벽을 허물어 '소중한 우리 모두의 삶을 말하는 것'이 바른 말[正語]입니다. 말 속에 "'나'를 담고 있느냐, '나'를 담고 있지 않느냐"에 따라서 바른 말인지 아닌지가 결정됩니다. 수행자는 "'나'를 담고 있지 않은 말을 하든지, 침묵을 지켜야" 합니다. 침묵은 나를 버리는 방법 가운데 하나입니다. 말이 많아지면 많아질수록 원만해지기가 쉽지 않습니다.

말의 속성은 '이 말은 저 말과 다르다'는 확실한 분별을 전제로 하고 있습니다. 이 때문에 말이 많아지면 우리 업은 저절로 '나의 벽을 쌓는 쪽으로 흘러가게' 됩니다. 그래서 말을 하지 않고 '침묵 속에 묵묵히 행동하는 것'이 좋습니다.

이 때문에 말하면서 그 말 속에 '나'의 기운이 강하게 들어 있는지, 아닌지를 스스로 알아차려서 주시해야 합니다. 곧 '마음을 열어서 다른 사람을 받아들이는 말이냐, 아니냐'를 스스로 알아차려야 합니다. '나' 없는 데에서 나오는 말들은 바른 말로서 모두 설법이 됩니다. 곧 불교를 잘 모를지라도, '나'의 벽을 허문 마음에서 나온 말들은 설법이 됩니다. 이때의 법은 '나 없음'이 말로 나오는 것을 뜻합니다.

그러므로 아무리 법을 잘 설해도 그 법 가운데 '나'가 들어 있으면, 그것은 설법이 아니라 명언 종자의 업을 키우는 것입니다. 따라서 '나'가 들어 있는 말들은 '업을 키우는 명언 종자'요, '나'가 들어 있지 않은 말들은 '열린 삶을 일깨워 주는 설법'이 됩니다. '나'를 가지고 있으면, 침묵하거나 말하거나 설법하거나 모두 업이 됩니다. 수행자는 "다른 사람을 때리려는 시늉으로라도 손을 올리지 말라"라고 합니다. 이것은 다른 사람을 때리려는 행위 속에는 '나'가 드러나 있기 때문입니다.

'바른 행[正業]'이란 '나'가 없이 함께 사는 활동을 하는 것을 말합니다. 행동이 일어나는 것을 주시하지 않으면 자기도 모르는 가운데 '나'를 세운 행동이 일어나게 됩니다. '순간순간 어떤 행동이 일어나고 있는가, 어떤 말을 하고 있는가'를 주시해야 합니다. 말할 때 '나'를 담고 있지 않으면, 법을 설하는 것이 되며 저절로 바른 행동이 따르게 됩니다. 왜냐하면 '나'를 담지 않으면, 함께하는 사람들과 '열린 세상을 더불어 살아가기' 때문입니다.

언제 어느 곳에서나 '열림을 함께 나누는 말들과 행동'으로 자기 모습을 드러내는 것이 '바른 생명의 활동[正命]'입니다. 어떤 곳에 있든지 간에 주어진 일 속에서 열림을 함께 나누는 말과 행동을 목숨처럼 하는 것이 정명입니다. 정명을 직업이라고 말하지만, 정명이란 무슨 일을 하거나 어떤 곳에 있든지 간에 주어진 일에 대해서 정어와 정업 등이 동반하여 나타나는 삶입니다. 그러기 위해서는 끊임없이 주시해야 합니다. '나' 없는 마음으로 끊임없이 주시하는 것이 정정진正精進입니다. 마음이 일어나고 사라지는 순간이 생生·노老·사死입니다. 전체적인 마음의 장과 마음의 활동이 함께 일어나고 함께 사라집니다. 한 번 주시하면 십이인연의 무명부터 노사까지의 전체 기운이 동시에 영향을 받아, 다음 순간에 무명의 분별력이 줄어들게 됩니다.

그러나 우리는 지금까지 살아오면서 끊임없이 무명의 분별력을 동반해 왔기 때문에, 한 번 주시한 것으로는 분별을 그치게 하는 데 거의 영향을 주지 못합니다. 마치 짠 바다 속에 맹물을 떨어뜨린 것 같아 잘 느끼지 못합니다. 그러나 맹물을 떨어뜨린 순간 물의 짠 맛은 변함없을지라도, 맹물의 기운을 바다에 모두 퍼뜨리는 것과 같이 비록 주시하는 힘이 너무 미약해서 잘 느끼지는 못하지만, 주시력의 기운이 십이인연 전체에 일어나 다음 찰나에 분별력이 줄어들게 됩니다.

분별하지 않고 '있는 그대로 바르게 알아차리는 것'이 정념입니다. '바른 알아차림'이란 '삼독심이 일어나지 않는 것'입니다. 삼독심의 근거가 되는 '나'를 동반하지 않는 알아차림입니다. 지금 떠오르는 생각에 '나'의 벽을 허무는 작용을 동반하면 정념이지만, 나를 세우는 생각의 흐름대로 따라가면 정념이 아닙니다.

지금까지는 '자아'라는 생각의 힘이 워낙 컸기 때문에, 그 생각에서 벗어나기가 어려웠습니다. 단지 지금 일어나고 있는 마음의 흐름을 주시하고 지켜보면서, '나만의 공간으로 흐르는 것을 차단'하는 것입니다.

곧 "지금까지의 삼독심의 흐름을 따라 가느냐, 그렇지 않느냐"를 알아차려, 삼독심으로 흐르는 행온行蘊이 중지되는 것이 수행이 '바른 알아차림'입니다. 바른 알아차림으로 '나'를 동반한 마음의 요동이 사라지면서 '나' 없음의 세계를 경험합니다. 이러한 경험을 바른 삼매[正定]라고 합니다. '삼매를 경험한다'는 말은, 정견부터 정념까지 주시력이 커져서 자기도 모르는 사이에 몸과 마음의 기운이 어느 순간 '나 없음'으로 고양되는 것입니다. 그 순간이 삼매에 든 것입니다. 그러나 보통 사람의 경우, 항상 '나'라는 것이 강하게 있기 때문에 삼매로 들어가기 힘듭니다.

삼매 체험은 '나 없음'의 기운이 강해졌을 때 나오는 몸과 마음의 변화입니다. 그러므로 '공 가운데', 곧 '나 없음의 열린 삶 가운데'는 만남의 관계에서 열려 있어서 '나와 너'를 가로막던 벽이 사라집니다. 이러한 관계에서는 '나 없음의 열린 삶'이 이어져 '나'를 중심으로 하여 생긴 고가 일어나지 않습니다. 고란 '나 중심의 세계를 이끌기 위한 활동'이기 때문입니다. 그러므로 '나 없음의 열린 삶'에서는 고가 없으며 그에 따라 집착[集]과 열반[滅]과 팔정도[道]도 없습니다. 따라서 공 가운데에 사제는 없습니다.

공 가운데에는 '나'의 벽을 쌓거나 허무는 역할을 하는 사제는 사라지게 됩니다. 반면 공 가운데 '나'가 사라지면서 같은 시대 사람들의 고통을 자기 고통으로 그대로 느낍니다. 그러면서 그와 같은 괴로움을 없애려는 행동이 자비慈悲입니다. 따라서 '나'의 벽이 사라지면서 무아의 마음으로 느끼는 고는 만남의 장 전체를 고가 없는 삶으로 바꾸는 역할을 하게 됩니다. 만나는 이들마다 '나' 없음의 기운이 영향을 미쳐서 다른 사람들이 괴로움에서 벗어나도록 돕습니다. 그렇지만 이 도움은 스스로 안에서 일어나는 자각만큼 강하지는 못합니다. 바깥의 인연은 '나'를 변화시키는 데에는 약한 원인이기 때문입니다.

11. 깨달음의 빈 마음

부처님께서는 중생들이 괴로움과 불만족에서 벗어나도록 하는 가르침을 폈지만, 이것만으로 모든 중생들을 괴로움과 불만족에서 한꺼번에 벗어나게 할 수는 없었습니다. 그러므로 부처님의 자비행은 계속 이어지는 것입니다. '고가 없다', '팔정도가 없다'는 말은, 깨달은 사람들이 자신의 수행을 위해서 행하는 팔정도나 사제는 사라졌지만 다른 사람들의 고를 없애려는 자비행은 계속된다는 것입니다. 그러므로 '사제도 없다'란 공에서 드러나는 '열린 세계로서 나 없음'인 동시에 '자비로운 행위'에 대한 표현이 됩니다. 그것은 고의 원인이 자아에 대한 잘못된 이해와 집착에 있을 뿐만 아니라, 그와 같은 개념정리가 팔정도나 사제까지도 자아의 다른 얼굴을 만들 수 있기 때문입니다. 불만족은 자아와 그에 따른 자기 소유의 집착에서 오는 것이기 때문이며, 여기에 맞게 가르침조차 나의 가르침으로 소유하게 되는 순간 곧 불만족의 세계를 만들게 되므로 그에 대한 부정이 무無자가 갖고 있는 기능입니다. 그렇기 때문에 『반야심경』에서 무자가 계속 나옵니다.

보통 우리는 '앎으로서 행동'합니다. '앎은 관계 속의 변화'인데, 중생의 앎은 항상 '나와 너'로 나누어져 있습니다. 그래서 '나의 안목으로만 상대를 알게' 됩니다. '나'의 안목으로 '나'를 제한시킬 뿐만 아니라, 제한된 '나'를 통해서 상대를 알기 때문에 상대까지도 제한시킵니다. 이와 같이 '중생의 앎'이란 자기가 가지고 있는 업의 한정, 즉 '제한된 나로써 제한된 상대를 아는 것'입니다.

연기 실상의 앎은 늘 열려 있지만, '나와 너'로 나누어진 중생의 앎은 늘 닫혀 있습니다. 그러나 주시를 통해서 앎이 열리게 되면, '나와 너의 나눔'이 아니라 '열린 하나의 삶'만 있습니다. 이때 '나와 너' 사이에 완전한 생명의 교류가 일어나는 것입니다. 그래서 다른 사람의 고통과 기쁨을 그대로 알아차리되 싫어하거나 가지려는 생각 없이 있는 그대로 느끼게 됩니다. 이와 같이 '나와 너 사이의 벽이 없어지면서 일어나는 하나 된 앎'을 지혜라고 합니다.

그런데 온통 지혜가 되면 지혜라는 말도 필요 없습니다. 지금까지는 나·너로 분별된 지혜와 나·너로 분별되지 않는 지혜를 구별했습니다. 곧 중생의 '분별된 말로써 아는 지知'와 '열림의 지智'를 나누었습니다. 그러나 '열림에서 드러난 삶'에서는 나·너의 분별이 없기 때문에 지혜라는 말도 필요 없습니다. 이러한 상태를 공이라고 합니다. 나아가 공이라는 말도 필요 없기 때문에, 이런 뜻에서 부처님의 가르침을 '뗏목'이라고 합니다. 부처님의 가르침은 어떤 실체를 가지고 있는 것이 아닙니다. 우리가 부처님의 가르침을 뗏목으로 알게 되면 불법에서도 자유로워집니다. 이와 같이 뗏목으로 비유되는 지혜는 실체가 없는 것이므로, 지혜도 없으며 얻을 것도 없습니다.

또 우리가 '무엇을 얻는다, 소유한다'는 것은 '나'가 있음을 전제로 합니다. 그런데 '나'라는 것이 없다는 것을 바로 알아차리면, '나의

264

것'으로 얻을 것도 없습니다. 얻음이란 '나의 것으로 한다'는 것입니다. 그런데 '나의 것'으로 할 주체인 '나'가 없기 때문에 '얻는다'는 것도 있을 수 없습니다. '얻을 바가 하나도 없는 것[以無所得故]'입니다. 얻을 바[所取]가 있다면, 얻는 나[能取]도 있는 것입니다. 이것은 '자아가 존재한다는 생각이 끊임없이 흘러가고 있음'을 말합니다.

그런데 '얻음도 없다'는 말은 '얻는 나도, 얻을 대상도 없다'는 뜻입니다. '얻을 바가 없으면 얻는 나도 없다'는 뜻입니다. 여기서는 자기 존재성[有]이 없는 것을 훤히 알기 때문에 빈 마음으로 함께 살 뿐입니다. 왜냐하면 모든 법의 하나하나에는 얻을 실체가 없기 때문입니다. '빔이란 모든 분별이 사라진 삶'입니다. 얻을 것이 없는 것이 빈 삶입니다.

"보살들은 반야바라밀을 의지하였기 때문에 마음에 걸릴 것도 없으며, 걸릴 것이 없는 빈 마음이기 때문에 두려움도 없다. 빈 마음에 투철하여 잘못된 집착에서 벗어나 마침내 완전한 깨달음으로 사는 것이다. 삼세의 모든 부처님께서도 반야바라밀을 의지하여 위없는 바른 깨달음을 얻으셨다.[菩提薩埵 依般若波羅蜜多故 心無罣碍無罣碍故 無有恐怖 遠離顚倒夢想 究竟涅槃 三世諸佛 依般若波羅蜜多故 得阿耨多羅三藐三菩提]"

보살은 보리살타를 줄인 말로서 보리란 깨달음을, 살타는 중생을 뜻합니다. 보살은 깨달음, 곧 빈 마음으로 사는 중생들로, 삶의 순간마다 빈 마음으로 있는 수행자들을 말합니다. 함께 사는 연기 실상의 아름다운 삶을 알고 난후, 마음 깊숙이 숨어 있는 '나'란 생각에 의해서만 있음을 밝게 아는 것이 '빈 마음'입니다. '밝은 마음의 삶'이란 '나와 너'의 분별만으로 사는 모습은 사라지고, '나와 너'가 없는 생명의 장에서 '나와 너'로서 살아가는 것을 말합니다.

'나'도 없고 '너'도 없는 밝은 앎으로 사는 것입니다. 존재의식인 '나'와 '너'의 분별만으로 있는 삶을 떠난 것이 반야바라밀입니다. 이러한 삶을 사는 사람들이 보살입니다. 맛볼 때 '맛보는 자'와 '맛보여지는 맛'을 떠나 '맛 그대로만 있는 것'입니다. 맛으로만 있는 것이란 '맛보는 그대로가 마음이 되는 것'입니다. 그러므로 한 생각이 일어나고 사라짐을 지켜보면서, '하나 된 삶'을 보기 시작하면 바로 보살의 삶을 사는 것입니다.

반야바라밀에 의지했기 때문에 보살이지만, 또 보살이기 때문에 반야바라밀 수행을 합니다. 마음 가운데 '나'의 삶에 대한 '자기 가짐'이 사라져 '나'를 가지고 있지 않기 때문에 두려움이 없습니다. 무엇을 가지면 두려움이 있게 되고, 두려움이 있게 되면 '자기 가짐'이 있는 것입니다. 그런데 가진 것이 없기 때문에 두려울 것이 전혀 없습니다.

'나'만으로 사는 중생들은 누구나 가진 것이 있는 사람들입니다. 어떤 사람이 "나는 재산이나 명예 등 아무것도 가진 것이 없다"고 말하더라도, 이 사람이 항상 '나'라는 의식 속에 놓여 있다면, '나'를 갖고 있는 것입니다. 의식 속에 항상 '나'를 갖고 있는 사람은 '나'라는 의식이 사라지게 되면 '두려움'을 느낍니다. '나'라는 의식이 사라지므로 두려움을 느끼게 됩니다. '이렇게 사느니 차라리 죽는 것이 낫다'고 생각합니다. 삶의 의미가 없으면 두려움이 생깁니다. '삶'이란 '나'를 내세워야만 의미가 있다는 생각이 마음 깊숙이 숨어 있기 때문입니다.

그런데 반야바라밀에 의지하면, 내세울 '나'와 내세워진 '너'가 동시에 사라집니다. '나와 너를 세우면서 사는 것'을 잘못된 생각이라고 합니다. 일상에서 '나'가 조금이라도 들어 있으면 잘못된 생각을 하고 있는 것입니다. 그러나 '나'가 조금이라도 들어 있지 않은 말을 하면, 잘못된 생각에서 벗어난 것입니다. 삶 속에 '나'가 들어 있지 않으면 않을수록 우리의 몸과 마음이 점점 평온해집니다. 몸과 마음이 평온하여 흔들리지 않는 것이 두려움이 없는 것입니다.

지금까지 모든 보살과 부처님은 '나·너'가 따로 없이 분별이 사라진 삶을 사셨습니다. 우리 시대뿐만 아니라 우리 앞에 있었던 모든 분들이 그와 같이 살았습니다. 이러한 삶을 위없는 바른 깨달음으로 사는 삶이라고 합니다. 여기에서 "위없는 바른 깨달음을 얻는다"고 했는데, 이것은 마치 '공기를 주먹으로 움켜쥐는 것'과 같습니다. 공기를 주먹으로 움켜쥘 수 없다는 것은 누구나 다 알고 있지만, '깨달음은 빈 마음이기 때문에 얻을 것이 없다'는 것은 잘 알지 못합니다. 마음이 텅 비어 있는 모습이 깨달음이기 때문에, 여기서 '깨달음을 얻는다'는 말은 '얻을 것 없음을 밝게 아는 앎'만으로 있는 삶을 말합니다. 이런 이유로 앞에서 '얻을 것도 없다'고 말했습니다.

12. 지금 바로 여기를 보십시오

옛날이나 지금이나 모든 사회는 그 시대가 갖고 있는 굴레가 있습니다. 부처님 당시 인도 사회의 대표적인 굴레는 카스트로, 그것은 조선시대 반상 제도의 구별보다 훨씬 많은 차별과 질긴 뿌리를 갖고 있습니다. 오늘날에는 중생의 삶에서 돈이 가장 큰 역할을 하여, '돈이 있느냐, 없느냐'에 따라 많은 차별이 있습니다. 앞으로는 돈이 되는 정보를 가지고 있는 사람과 그렇지 못한 사람이 부자와 가난한 사람으로 갈라지게 될 것입니다. 이 때문에 아는 것을 혼자만 가지려는 사회가 될 것입니다. 그리고 돈이 되는 정보는 웃어른들께 배우는 것이 아니기 때문에, 노인들이 삶에서 지금보다 더 소외될 것입니다. 또 그 정보를 혼자 독점하고 이웃과 함께 나누지 않기 때문에 사회 공동체의식이 빠르게 사라질 것입니다. 그러면서 전혀 새로운 삶의 모습들이 있게 될 것이며, 이것이 우리 시대의 어려움과 굴레를 만들게 될 것입니다.

그러다 보니 삶에 위아래의 절대적 구별이 있게 됩니다. 사회의 신분차별인 카스트는 그 사회 사람들의 생각에 의해서 생겨난 것으로, 생각 속에 이미 차별이 있는 것입니다. 그러나 자신의 본 바탕을 밝게 비추어 볼 때, 카스트의 인격체나 비인격체 등의 나눔이 사라지면서 삶이 '함께 사는 연기의 모습'으로만 있음을 알게 됩니다. 위가 없다[無上]는 말은 '가장 최고'라는 말이 아니라, 아래도 없다[無下]라는 뜻이 함축된 말입니다.

위도 없고 아래도 없다고 해서 모두 똑같다는 뜻이 아니라, '위도 없고 아래도 없지만 그 가운데 저마다 자기표현을 잘하고 있다'는 뜻입니다. 강물이 넓은 곳에서는 넓고 천천히 흐르고, 좁은 곳에서는 좁고 빠르게 흐르면서 자기표현을 하는 것과 같습니다. 이와 같이 순간순간 다른 만남에 따라 자기표현을 다르게 하는 것이 바른 깨달음[正覺]입니다. '위아래가 없지만 이 가운데 자기표현을 충실히 하면서 함께 어울린 삶'을 바른 어울림[正等]이라고 합니다.

물이 넓으면 넓은 대로 좁으면 좁은 대로 곳에 따라 다르게 흐르는 것은 전체적인 물의 흐름 속에 함께 놓여 있기 때문입니다. 이러한 상태에서 자기표현을 하되, 넓은 것이 좋은 것도 아니고 좁은 것이 좋은 것도 아니라 전체 흐름에서 제 모습일 뿐입니다. 여기에는 신분 차별에 따른 제약과 구속이 설 자리가 없습니다.

그러므로 부처님께서는 "바로 여기를 보라"고 하십니다. "삶이 있는 바로 여기, 한 생각이 일어나는 곳을 보라"고 하십니다. 생각이 일어나고 사라지는 곳을 밝게 지켜보게 되면 생각과 그 생각이 일어나고 있는 곳을 알게 됩니다. 그러면 카스트 등으로 나누어진 중생의 근원은 실재하지 않음을 알게 됩니다. 시대마다 나라마다 다르게 나타나는 갖가지 중생의 바탕은 없지만[無] 순간순간 나타나는 온삶의 모습은 있으니[有], 부처님의 가르침은 없음[無]이나 있음[有]만을 말하지는 않습니다.

삶은 저마다 제 모습만을 굳게 지키고 있는 것이 아니라, '끊임없이 이어지는 갖가지 서로 다른 모습들의 하나 된 흐름'입니다. 이러한 하나 된 삶에서 낱낱의 모습만 보기 때문에 우리에게 온갖 불만족이 생깁니다. 낱낱의 모습을 있게 하는 본바탕이 있다거나 없다고 하고, 있다면 자신에게 또는 바깥에 있다는 등으로 주장합니다. 또는 "어제의 나와 오늘의 나는 똑같은 사람이다, 아니다", "죽으면 모든 것이 끝난다, 아니다"라고도 합니다. 이 모든 것들은 지금 한 생각이 일어나고 있는 곳을 밝게 보지 못하기 때문에 일어납니다. '자기표현 속에 다른 이들과 함께하고 있음을 확실히 아는 것'이 '위없는 바른 깨달음[無上正等正覺]'입니다.

따라서 '만동자'의 14무기에 대한 물음, 곧 "사람이 태어나기 전에는 무엇이었습니까, 사람이 죽은 뒤에는 어떻게 됩니까?"와 같은 문제는 아무런 뜻이 없다고 부처님께서는 말씀하셨습니다. '지금 바로 여기를 보는 것'이 가장 중요합니다. 이와 같이 '지금 바로 여기를 보는 것'이 바른 지켜보기[正念]입니다. 브라만 또는 수드라의 집안에 태어났기 때문에 결정된 어떤 특성을 보는 것이 아닙니다.

'지금 여기를 보면' 삶은 무無도 아니고 유有도 아니며, 조건에 따라 갖가지로 드러날 뿐입니다. 이와 같은 조건에 의해서 삶이 일어나는 것을 연기라고 합니다. 따라서 연기는 공이며 '위없는 바른 깨달음'입니다. 이런 이유로 부처님께서는 만동자의 질문에 대답하시지 않고 곧 이어서 연기를 설명하셨습니다.

그래서 '태초'라는 무엇을 보는 것이 아니라, '지금 여기를 밝게 지켜보는 것'이 중요합니다. '지금 여기'란 '생각이 일어나는 곳'입니다. 생각이 일어나는 곳을 밝게 지켜보게 되면 '삶에는 무엇이라고 결정된 것은 없다'는 것을 쉽게 알게 됩니다. 삶은 유로 결정되어 있지도 않고 무로 결정되어 있지도 않습니다. 마음에 의해서 모든 것을 결정하는 것도 아니고, 물질에 의해서 모든 것이 결정되는 것도 아닙니다. 따라서 불교는 유론有論이나 무론無論도 아니고, 유심론唯心論이나 유물론唯物論도 아닙니다. 또한 처음 시작과 마지막 끝이라는 중생 세상을 말하지 않습니다. 연기로 맺어진 온전한 세상에 대하여 '순간순간 저마다의 모습을 드러내면서 흘러간다는 것' 이외의 말을 하지 않습니다. '지금 여기의 삶'에는 유신론이나 무신론이 들어설 자리가 없습니다. 다만 '지금 여기를 명확히 들여다보아 드러나는 열림의 세계'만을 말할 뿐입니다. '지금 여기의 삶'을 밝게 지켜보면, 위도 없고 아래도 없는 가운데 낱낱이 제 모습을 드러내면서 함께하는 장임을 알게 됩니다.

그러므로 여기서 얻음이란 '무엇을 얻는다'는 뜻이 아니라, '위없는 바른 깨달음 속에 그대로 있는 것'을 뜻합니다. 따라서 '모든 부처님은 반야바라밀을 얻었다'고 하지 않습니다. 얽매임이란 자유로운 물의 흐름을 고정시키는 것과 같습니다. 사람에 의해서 물의 흐름이 묶이게 됩니다. 조건에 따라 흐르고 있는 연기 상태로 놔두지 않고, 사람의 힘으로 조작하거나 제약하여 자유로운 흐름을 고정시킵니다. 순간순간 변하는 우리의 삶을 '나'라는 의식으로 일정하게 묶어 놓습니다. 이와 같이 오늘도 '나'이고 내일도 '나'이고 모레도 '나'라고 하는 의식 속에 우리는 늘 묶여 있습니다.

그러나 '지금 여기 흐르고 있는 물'은 넓으면 넓은 대로 좁으면 좁은 대로 순간순간 늘 변하면서 흐르고 있습니다. 그런데 어느 순간 "넓음만이 '나'다, 좁음만이 '나'다"라는 생각으로 묶어 버리면 생동감이 없는 삶이 됩니다. 그러나 '나'라는 생각이 사라지면, 넓은 데는 넓은 대로 좁은 데는 좁은 대로 만나는 곳마다 아름다운 삶이 됩니다. 그래서 따로 얻을 것이 있는 것이 아니라, "'삶'을 묶고 있는 '나'라는 의식을 버리는 것"이 얻음입니다.

마치 공기를 얻겠다고 주먹으로 공기를 쥐지만 얻을 공기가 따로 있지 않음과 같습니다. '깨달음을 얻는다'는 것도 마찬가지입니다. 공기 속에서 우리도 모르게 늘 숨쉬며 살듯이, 깨달음 속에서 자신도 모르게 늘 온삶으로 삽니다. 깨달음이란 이미 얽매임을 떠나 있기 때문에, '얻는다'고 말할지라도 '무엇을 얻는다'는 뜻의 얻음이 아닙니다.

수행자의 삶이란 밝은 깨달음으로 사는 것입니다. '밝은 깨달음'은 '지금 여기를 주시하는 힘'입니다. 어떤 형태로 삶의 흐름을 고정시키는 것이 아니라, 만남마다 자유롭게 놔두는 힘이 있어야 합니다. 만남마다 고요한 흐름 속에 제 모습을 드러내도록 놔두는 것입니다. 우리가 만든 어떤 일정한 흐름이 우리를 다시 얽매고 있음을 확실히 알아야 합니다.

지금까지 불교란 '깨어 있음의 온삶'이라고 했습니다. '온삶'에는 '나만의 삶'은 없습니다. '나만의 삶'이 그친 것입니다. 연기 실상의 삶은 '나만의 삶'이 그치는 것의 바탕[止]이며, 그 가운데 저마다 제 모습을 마음껏 나투면서 아름다운 삶을 살고 있는 것[觀]입니다.

'아름다운 삶'은 분별하는 마음을 쉬어 온삶으로 함께 사는 것입니다. 왜냐하면 우리 삶의 바탕이 그렇기 때문입니다. '아름다운 삶'은 '제대로 사는 길[中道]'입니다. 제대로 사는 길을 몇 가지로 나누어 설명하는데, 그 가운데 한 가지가 '여섯 가지 아름다운 완성[六波羅蜜]'입니다.

삶은 순간순간 '만남의 관계가 바뀌어 가는 것'이라고 했습니다. 그러나 우리는 만남의 관계보다는 혼자만의 삶을 더 강조했기 때문에, '함께 사는 아름다움'을 잃고 외로운 '나'만으로 살아가고 있습니다. 그리고 '나'를 지키기 위해서 더욱더 '나의 것'을 가지려고 합니다. 이와 같이 저마다 '나의 것'만 쌓게 되면서 사람 사이에 두터운 벽이 생깁니다. 이 때문에 저마다 서로를 두려워하게 되는데, 혼자 있어도 두렵고 여럿이 있어도 두렵습니다.

그래서 부처님께서는 "나의 것을 놓아 버려라"라고 가르치십니다. 보시가 바로 그것입니다. 여기에서 보시의 완성[보시바라밀]은 '나를 버리는 것'임을 알 수 있습니다. 예를 들면 평상시에는 어린아이가 어머니의 품을 두려워하지 않지만 어머니가 화를 내면 두려워합니다. 바꿔 말하면 어린 아이가 어머니의 품에 안길 때 두려움을 느끼지 않는 것은 어머니의 마음이 포근해졌을 때입니다. 여기서 '어머니의 품'은 '나와 나의 것을 버리는 것'을 뜻합니다. 만남마다 모두를 받아들일 수 있는 넉넉함을 말합니다.

'나와 나의 것'을 버리는 보시에 세 가지가 있습니다. 첫째로, '밖으로 드러난 재물, 힘, 정보 등을 나누는 것'으로 '재보시'라고 합니다. 두 번째로, '나와 나의 것'을 버리는 마음으로 포근한 말을 나누는 '법보시'입니다. 세 번째로, 두려움의 바탕이 되는 '나와 나의 것'을 전부 버린 따뜻한 마음과 포근한 마음을 나누는 '무외시'입니다.

'나와 나의 것'을 버리고 나눔을 완성하기 위해서는 '나와 나의 것'이 일어나는 것을 끊임없이 지켜보아야 합니다. '나'를 지켜보지 않으면 포근함이 사라져 버립니다. '나'가 일어나는 것을 명확히 지켜보는 것과 '나'를 세우는 활동을 하지 않는 것이 지계입니다. 우리가 저마다 '나와 나의 것'만을 굳게 지키면서 말하고 행동한다면 삭막하고 두려운 세상이 됩니다.

따라서 삶의 본 모습인 '자기 없음과 나눔'으로 살기 위해서는 '나'를 늘 지켜보아야 합니다. 삶 속에서 "순간순간 '나'가 일어나는가, 일어나지 않는가"를 늘 알아차려서, '나와 나의 것'을 버리는 쪽으로 가야 합니다.

'나'가 일어난 쪽으로 행동하게 되면 계율에 어긋납니다. 모든 탐심·진심·치심은 다 '나'를 동반하고 있기 때문입니다. 따라서 탐·진·치심이 일어나려고 할 때 침묵으로 표현되는 절제가 필요합니다. 만일 그렇지 않다면 서로를 불편하게 합니다. 그러나 우리 중생의 삶은 '나와 나의 것'만을 지키려는 욕심으로 만들어졌기 때문에, 자기 자신을 철저하게 꿰뚫어 보지 않으면 새로운 세계를 경험하기가 어렵습니다.

'나와 나의 것'이 본래 없음을 밝게 알아 이러한 생각이 일어나도 따라가지 않는 것이 '참음의 완성, 아름다운 참음'인 인욕바라밀입니다. 억지로 참으면 병이 되지만 '나란 본래 없다'는 것을 확실히 알아차리면서 저절로 인욕이 됩니다. 순간순간 일어나는 '나'라는 생각은 허망한 것입니다. 진실하지 않는 법에 속아서 "지금 '나'라는 것이 일어나고 있다"고 확실하게 알아야 합니다. 그래야만 '나'에게 이로워서 좋아하거나, '나'에게 해로워서 싫어하지 않습니다. 곧 업으로 남기지 않는 참음, 온전하고 완전한 참음인 인욕바라밀이 됩니다. 그냥 마지못해 억지로 참는 것은 인욕바라밀이 아닙니다.

'바라밀의 완성'은 본래 '내가 없음'을 확실히 아는 것을 바탕으로 합니다. '나'를 중심으로 일어나는 모든 생각이 '나' 자신과 다른 사람들을 얽어매고 있음을 확실히 알고, '나'를 버려 포근한 마음을 나누는 것이 보시바라밀입니다. 그리고 이러한 일들이 생각마다 이어지는 것이 정진입니다. 생각마다 이어지면 이제는 '나'가 일어나는 횟수가 줄어들거나, 일어나더라도 약하게 일어납니다. '나'의 일어남이 약해지면 약해진 만큼, '나' 없는 데서 나타나는 마음의 고요함, 삼매가 늘어납니다. '나'가 사라진 만큼 고요함이 있고[定], '나'가 사라진 만큼 사물을 명철하게 볼 수 있습니다[慧].

찰나마다 '나 없음'을 지켜보는 힘에 의해서 '나'가 사라지면서 지혜가 생깁니다. 이 지혜가 생기면서 '무無의 나'와 '무의 고', 곧 자비로움이 저절로 일어납니다. 자비롭게 살면 살수록 '여섯 가지 아름다운 삶의 길'이 넓어집니다. 여섯 가지 삶의 길은 서로 맞물려서 끊임없이 '무의 나'와 '무의 고'를 일으켜, 모든 사람들이 서로 포근한 마음을 나누게 합니다.

여섯 가지 아름다운 삶의 길은 반야바라밀인 '지혜의 열림에서 완성'됩니다. 지혜란 여섯 가지 아름다운 삶의 길이 다 녹아 있는 넉넉한 마음입니다. 이 아름다운 길은 우리가 날마다 살아가는 길, 닦아야 할 길입니다. 곧 반야바라밀다 주문의 길입니다. 모두들 크고 밝은 가운데 함께 사는 아름다운 이 길을 가시길 바라면서 『반야심경』이야기를 마치겠습니다.

● 고요함과 무기無記는 어떻게 다릅니까?

'나와 나의 것'을 중심으로 한 업에서 나오는 삶이 아니라, 업의 활동인 마음을 쉬는 데서 드러나는 우리 삶의 본 모습이 고요함입니다. '마음을 쉰다'는 것은 앎이 없는 것을 말하는 것이 아니라 '마음을 쉰 상태가 여실한 앎으로 있는 것'입니다. 이것을 '고요 속에서 밝게 알아차린다'라고 합니다. 고요 속에 하나 된 앎이 분명해야 합니다. 무기란 여러 뜻이 있습니다만, 여기서는 '마음의 동요는 없으나 앎이 분명하지 못한 것'을 가리킵니다. 기記란 '기억하다'라는 뜻으로서 염念과 같습니다. 염이란 '현재의 생생한 삶에 깨어 있음'을 뜻합니다. 그러므로 무기란 '몸과 마음의 흐름을 분명하게 느끼지 못하는 상태'입니다.

● 고와 자비는 어떤 관계입니까?

고란 "'나'를 중심으로 일어나는 모든 활동"으로, '나' 중심주의에 갇혀서 사는 것입니다. '나'만의 공간과 '나'만의 소유를 주장하기 때문에 다른 사람을 인정하기 힘듭니다. 인정하더라도 '나'의 한정된 업의 테두리 안에서만 인정하게 되어 자연히 '나'의 마음에 흡족할 수 없습니다. '나'만의 길은 없기 때문에 불만족스럽게 된 것이 고입니다. '자비'란 '나'를 벗어나 열린 마음으로 사는 세계입니다. '나'로 한정된 공간이 사라지고 '열린 나, 무의 나'를 통해서 '모든 것이 함께하는 공간으로' 바뀐 상태입니다. 물이 자연스럽게 흐르는 것과 같습니다.

◉ 삼매란 '나 없음의 세계'라고 하는데, 법신으로도 표현합니까?

깨달음의 세계를 법신으로 나타내는 것이 아니라, 깨달음의 특성을 법신·보신·화신의 삼신으로 나타내는 것입니다. '깨달음'이란 빈 모습으로 자기 모습을 늘 자유롭게 드러냅니다. '나 없음'이란 '나만의 공간이 사라지는 것을 뜻하되, '함께 사는 아름다운 모습으로 드러나는 우리'를 말합니다. '나 없음의 세계', 곧 아름다운 삶을 법신·보신·화신의 삼신으로 나타내는 것입니다.

◉ '함께 사는 아름다움'이란 구체적으로 어떤 것입니까?

'함께 사는 아름다움'을 온전하게 이루기 위해서는 먼저 '나'를 비워야 합니다. 함께란 나를 비운 법신을 말하며, '나'를 비운 데서 드러나는 삶들의 모습이 '아름다운 화신'으로 나타납니다. 이것은 삶을 고정시키지 않고 흐르는 데에서 투철하게 깨어 있는 것입니다. 중생의 업을 떠난 것입니다. 함께 어울려 아름다운 삶을 이루는 힘을 보신이라고 할 수 있습니다.

'삼신이 함께 어울려 있는 전체가 하나 된 생명의 장'임을 알고, 서로의 생명을 돕는 관계가 되어야만 '잘 어울림, 아름다운 모습'으로 사는 길에 들어서는 것입니다. 이것이 '반야바라밀 수행'으로, '함께 사는 아름다운 세계'를 마음 마음으로 끊임없이 이어가는 것입니다.

지금은 『반야심경』을 공부하기 때문에 반야공관이 중심이 되지만, 불교의 수행 방법은 팔만 사천 법문으로 참으로 다양하기 때문에 사람마다 마음 마음으로 관해야 할 것이 다를 것입니다.

● 사선팔정이란 무엇입니까?

수행을 하면 지금과 다른 세계를 경험하게 됩니다. 욕계의 제약을 점점 벗어나 청정한 몸과 마음의 세계를 경험하는 것이 사선정의 색계정이고, 나아가 몸의 한계를 벗어나 제약 없는 마음만 있는 선정의 세계가 무색계정입니다. 그러므로 수행이란 좌선만 뜻하는 것이 아니라 '우리 삶에서 자기 공간을 넓히는 것'을 뜻합니다.

마음을 넓혀서 지금까지 욕계에 제한이 되어 있던 세계를 열면 욕의 기운이 사라져 청정하게 됩니다. 몸과 마음이 청정해지면서 지금까지 보고 듣던 욕계의 제한에서 벗어나, 새로운 세계를 경험하는 것이 색계정입니다 무색계보다는 제한된 세계이지만, 육체를 가진 색계정에서는 고요함과 지켜보기가 같이 일어나고 있습니다.

선정이 더욱 깊어지면 청정한 색을 가지고 있는 색계의 제한된 눈을 벗어나 무색계의 세계의 경험하게 됩니다. 그런 경험들은 몸과 마음이 가벼워지는 경안輕安에서 점점 의식만 남고 오근의 감각 기능이 사라지는 것으로 나타나기도 합니다. 무색계정은 '지켜보기'보다는 '고요함'이 더 커진 상태입니다.

마음이 고요해지면서 몸과 마음이 가벼워지는 것은 선정을 통하여 다른 세계를 살짝 경험한 것입니다. 이것이 깊어지면 색계의 가벼움과 무색계의 의식만의 세계를 경험하게 됩니다. 이와 같이 색계나 무색계의 선은, 욕계의 제한된 테두리를 벗어나는 마음 집중과 관찰을 통하여 얻어지는 경험 세계를 말합니다.

◉ '보편적인 인식 일반'이란 무슨 말입니까?

인식에는 감관을 통한 직접 지각과, 그 지각에서 분별된 개별 인식을 통합하여 하나의 질서를 만드는 의식이 있습니다. 이 두 인식은 우리 삶에서 매우 중요한 역할을 합니다. 의식의 질서에 대한 인식은 서로를 나누는 잣대가 되며 저마다 '영원한 실체'가 있다는 생각을 갖게 합니다. '영원한 실체'라는 생각이 낱낱의 지각을 다시 분별하는 잣대가 되면서, '함께 사는 생명의 장'을 잃어버리게 됩니다.

의식의 분별로써 이루어진 '인식 일반은 생각만의 세계'로, 이를 '가립된 실재'라고 합니다. 이러한 세계는 나눌 수 없는 하나 된 생명의 장을 인식 일반에 의해서 낱낱이 나눈 것이므로 꿈·허깨비·그림자와 같습니다. 이 때문에 함께 사는 열림의 세계인 '빈 마음으로 함께 사는 삶'에서는 그 자취를 찾을 수 없습니다.

◉ 팔정도·육바라밀·십이연기의 환멸관 등은 모두 무아를 알아차리는 것입니까?

어느 수행이든지 '무아에 대한 깨달음'은 '수행이 익었을 때 나타나는 세계'입니다. 따라서 육바라밀이나 팔정도를 닦으면서 무아 체험을 하지 못한다면, 올바른 수행을 하는 것이 아닙니다. 견도見道 곧 삶에서 바른 길에 들어갔을 때 알게 되는 가장 큰 특징이 무아입니다.

그런데 무아라는 말을 듣고 허무주의를 생각하면 안 됩니다. 무아 체험은 '나 없는 가운데 온삶으로 사는 바탕'이 되므로, 무아가 될수록 모든 중생의 고통을 그대로 느끼게 되어 자비로운 삶을 살게 되기 때문입니다. 중생의 업에 따라 수행 방법은 다르지만, 모든 수행은

'무아의 세계, 자비의 세계'를 드러나게 하는 점에서 같습니다. 이러한 세계를 연기·공·지혜·진여 등으로도 말하며, 이것은 모두 '완성된 무아 체험'을 가리키고 있습니다.

● 다선일여茶禪—如란 무엇입니까?
'선이 익었다'는 것은 '찰나마다 온전한 전체의 삶을 사는 것'입니다. 하나하나의 행동에서 완전히 깨어 있어 그것이 그대로 우주적인 춤인 것을 일여—如라고 합니다. 만일 '나 버림'으로 차를 마신다면, 차를 마시는 행동이 곧 우주적이 춤이 됩니다. 차를 마시는 것뿐만 아니라 '나 버림'에서 나오는 모든 활동이 일여가 되므로, 저마다 일여라는 말을 붙일 수 있습니다.

따라서 '다선일여'라는 말은 다와 선이라는 생활의 한 측면만 일여가 된다는 뜻이 아닙니다. '나 버림'의 상태에서는 차와 선의 관계뿐만 아니라 어떠한 관계에서도 일여가 되기 때문입니다. '나'를 내세우지 않아 듣고 말하는 관계에서 하나가 된다면 '청일여聽—如'이 고, 걸으면서 하나가 되면 '행일여行—如'입니다. 이와 같이 '나 없는 무아의 삶', 즉 욕계·색계·무색계의 한정을 벗어난 삶을 나타내는 말이 선과 일여입니다.

중요한 것은 '빈 마음으로 흔들림 없이 살아가는 것'입니다. 다선일 여에서는 차를 마시면서 온삶으로 깨어 있는 것을 뜻하면서도 그와 같은 삶이 전체의 삶에 온전하게 펴져 있는 것입니다.

● 사념처관四念處觀이란 무엇입니까?

염처란 '마음이 주시하는 곳'이라는 뜻이며 여기에 신身·수受·심心·법法의 네 곳이 있기 때문에 사념처관이라고 합니다. 염이란 '고요함 속에 주시가 살아 있는 것'입니다. 『반야심경』에서는 주시하되 "'즉각 빔'으로 주시하는 것"입니다. 몸과 마음에서 일어나는 분별의 모든 것이 다 실재가 아닌 줄 알고, '온생명으로 열려 있는 삶을 주시'하는 것입니다.

관이란 삶이 일어나고 있는 지금 여기를 주시하면서 알아차리는 것으로, 염이 곧 관이 됩니다. 주시를 하되 지금 여기에서 일어나고 사라지는 탐심·진심·치심을 따라가지 않고 주시하는 것을 뜻합니다. '주시할 곳'은 '지금 우리 삶이 일어나는 네 곳'입니다.

첫째는 신념처로서 몸을 통해서 일어나는 것을 주시하는 것입니다. 곧 '몸에서 일어나는 여러 가지 현상을 주시'하는 것입니다. 둘째는 수념처로서 '다섯 가지 감각을 통해서 아는 삶의 현상을 주시'하는 것입니다. 셋째는 심념처로서 '마음 가운데 번뇌·갈등·탐진치·선악 등 마음의 작용이 일어나는 것을 주시'하는 것입니다. 넷째는 법념처로서 '나와 너의 분별을 통해서 개념지어진 세계의 흐름을 주시'하는 것입니다. 부처님의 가르침을 사유하는 것도 여기에 해당합니다.

예를 들어 차를 마신다면 찻잔을 든 손과 혀를 통하여 일어나는 현상을 주시하는 것은 신념처입니다. 다음에 차 맛이 짜거나 달거나 매운 느낌을 주시하는 것은 수념처입니다. 다음에 차를 마시면서 마음 가운데 좋아하거나 싫어하는 생각이 일어나는 것을 주시하면

심념처가 됩니다. 다음에 맵고 짠 맛이라거나 좋고 나쁜 차라고 정의하는 것과, 이 모든 것이 조건에 따라 이루어진 것임을 알아차리는 것[부처님 법]은 법념처가 됩니다.

이와 같이 '주시한다'는 것을 네 가지로 나누지만, '살아가면서 앎이 있는 곳을 주시'하면 그대로 사념처 수행이 됩니다. 순간순간 만남에서 몸과 마음에서 일어나고 사라지는 모든 현상을 주시하고 있으면 저절로 사념처관을 하고 있는 것입니다 이 범위를 더 간단히 말하면, 신을 주시할 때에는 '호흡'을 관하는 것이며, 수를 주시할 때에는 오근을 통해서 일어나는 감각작용을 관하는 것이며, 심을 주시할 때에는 의근을 통해서 일어나는 마음 활동을 주시하는 것이며, 법을 주시할 때에는 나·너의 분별로써 개념지어진 세계와 부처님의 가르침을 사유의 대상으로 반조하는 것입니다.

● '보시한다'는 생각으로 보시하는 것은 보시하지 않는 것보다 더 낫지 않습니까?

그렇습니다. 우리의 삶이란 분별을 중심으로 이루어진 것이므로 무엇을 하든지 나·너의 분별로부터 출발하게 됩니다. 그러나 베풀면서 '나'를 버리면 나·너의 분별이 사라지게 되어 있습니다. 이것은 아직 유위의 베풂일지라도 열림으로 이끄는 자량이 됩니다.

세상에는 유루의 만남과 무루의 만남이 있습니다. 유루의 만남은 유루의 복을 가져오고 무루의 만남은 무루의 복을 가져옵니다. 무아로서 나눈 것은 무루의 복을 가져오고, 유아로서 나누는 것은 유루의 복을 가져옵니다. 물론 우리가 긍정적으로 추구해야 할 것은 무루의 삶입니다.

이웃에게 베푼다는 생각으로 베푸는 것은 좋은 일이지만 유루의 삶을 벗어나지 못합니다. 이 때문에 무루의 삶을 지향하여 '베푼다는 생각이 없이 베푸는 것'을 강조합니다. 그러나 유루의 베풂일지라도 무루의 흐름에 드는 인연을 짓는 것이 있으니, 불보살님과 무심도인에 대한 베풂이 그것입니다. 이것은 무루의 삶에 드는 증상연增上緣이 되기에 비록 유루의 공덕이지만 무루의 삶을 이끌기 때문에 그 공덕이 뛰어나다고 합니다.

◉ 법문을 듣거나 좌선을 할 때에는 수행이 약간 되는 것 같지만 돌아서면 다시 전과 마찬가지인 것 같습니다.

우리가 수행의 힘을 얻을 때까지는 수행을 해도 뚜렷하게 달라지지 않기 때문에, 수행을 하는 것과 하지 않는 것이 같다고 느끼게 됩니다. 그러므로 일생을 쉬지 않고 정진하겠다는 태도가 필요합니다. 고가 수행을 시켜주므로 고와 그 원인 그리고 고로부터 벗어남에 대하여 잘 사유하고 닦아 나가야 합니다.

부처님의 설법을 한 번 듣고 깨달은 사람도 있습니다. 그러나 보통은 법을 듣고 나서, 그것을 마음 깊이 반조하면서 사유 비판하고, 그것을 몸과 마음으로 익혀 생활 속에 녹아나도록 하는 문聞·사思·수修라는 삼혜三慧의 과정을 겪게 됩니다. 견도 전에는 무아를 확실히 체험하지 못하므로 철저한 자기 변화가 일어나지 않습니다. 듣고 배울 때에는 무아인 것 같지만, 돌아서면 다시 이상이 일어나므로 진정한 무아가 아닙니다. 쉬지 않고 수행하면 다시 물러나지 않는 때가 오게 됩니다. 수행이란 일상의 삶을 떠나 멀리 있는 것이 아니므로 '일상이 수행이 되어야' 합니다.

◉ '공은 보편적인 인식 태도를 벗어난 것'이라고 하지만, 흔히 '진리는 보편적'이라고 합니다. 공이 보편적인 인식 태도를 벗어난다면, 진리라는 말과 어긋나는 것 같습니다.

'진리란 보편적'이라는 말은 옳습니까? 예를 들어 오늘날의 과학은 진리를 나타내는 첫 번째 기준이 되고 있는데, 과거의 과학적 사실이 현재에는 틀리는 수도 있기 때문에 과학적인 지식도 언제 어디서나 맞는 보편적 진리일 수 없습니다. 또한 수행에 따라 경험되는 세계도 지금까지의 보편적 진리와 다른 것이 많은데, 이것은 삶의 조건이 다르면 그 세계도 다르기 때문입니다. 제한된 자기만의 세계를 벗어난 '빈 마음의 지혜가 드러난 자비로움'은 보편 인식을 벗어난 걸림 없는 삶입니다.

◉ '화두를 참구한다'는 것과 '화두를 간한다'는 것은 어떤 차이가 있습니까?

스승과 제자 사이에서 주고받는 이야기나 행동 가운데서 제자를 깨달음으로 이끈 것들이 다른 수행자들에게 의문이 되는 것을 화두라고 합니다. 따라서 의문이 없으면 화두가 아닙니다. 이 의문은 일상의 앎으로는 해결할 수 없는 문제입니다. '화두를 참구한다'는 말은 '그 문제를 깊이 궁구한다'는 뜻이며, '화두를 간한다'는 것은, '그 문제가 늘 생각의 대상으로 있다'는 뜻입니다. '간'이란 소매를 들어

반야심경

함께 사는 아름다움 ❷

초판발행일 | 1998년 10월 20일
개정판발행일 | 2005년 8월 25일
개정판3쇄 발행일 | 2017년 6월 15일

펴낸이 | 열린마음
풀어쓴이 | 정화
디자인 | 안현숙

펴낸곳 | 도서출판 법공양
등록 | 1999년 2월 2일 · 제1-a2441
주소 | 110-170 서울시 종로구 수송동
        두산위브파빌리온 836호
전화 | 02-8247-0206 · 011-442-5592
팩스 | 02-6008-7024
이메일 | dharmabooks@chol.com

ⓒ 정화, 2017
ISBN 978-89-89602-30-9

값 12,000원

부처님 말씀을 올바르게_도서출판 법공양

올려서 햇빛을 가리고 대상의 바라본다는 뜻입니다. 그러므로 화두를 간한다는 것은 다른 것을 다 제쳐두고 화두라는 문제를 바라보는 것입니다.

문제를 풀려고 노력하는 것은 참구의 의미가 강조된 것이고, 생각의 대상인 화두가 떠나지 않고 늘 있는 것은 간의 의미가 강조된 것입니다. 간이 되든 참구가 되든 화두는 우리의 마음으로 알 수 없습니다. '마음과 대상이 모두 사라진 앎만 있을 때' 화두 공부가 제대로 되는 것입니다. 이때는 화두가 대상으로 있는 것이 아니라, 참구나 간으로만 있게 됩니다. 이 때문에 화두는 생각으로 하는 공부가 아니라, '몸과 마음 자체가 그대로 화두가 되어야만' 합니다.